ABHANDLUNGEN DER AKADEMIE
DER WISSENSCHAFTEN DER DDR

Veröffentlichungen
der
Wissenschaftlichen
Räte

W2
1985

Erfahrungen bei der Anwendung des Zivilgesetzbuches in der Praxis

Akademie-Verlag · Berlin

ABHANDLUNGEN
DER AKADEMIE DER WISSENSCHAFTEN DER DDR

Abteilung Veröffentlichungen der Wissenschaftlichen Räte
Jahrgang 1985 · Nr. W 2

Erfahrungen bei der Anwendung des Zivilgesetzbuches in der Praxis

AKADEMIE-VERLAG · BERLIN 1985

Herausgegeben im Auftrage des Präsidenten
der Akademie der Wissenschaften der DDR
vom Vizepräsident Prof. Dr. Heinz Stiller

Verantwortlich für dieses Heft:
Prof. Dr. Wolfgang Weichelt
Vorsitzender des Rates für staats- und rechtswissenschaftliche Forschung
an der Akademie der Wissenschaften der DDR

ISSN 0302-8054
Erschienen im Akademie-Verlag, DDR-1086 Berlin, Leipziger Str. 3–4

Lizenznummer: 202 · 100/70/85
Printed in the German Democratic Republic
Gesamtherstellung: VEB Druckerei „Gottfried Wilhelm Leibniz",
4450 Gräfenhainichen · 6530
LSV 0455
Bestellnummer: 754 548 9 (2001/85/2/W)

00450

Inhaltsverzeichnis

Vorwort 5

Joachim Göhring
Erfahrungen bei der Anwendung des Zivilgesetzbuches in der Praxis. Thesen 6

Joachim Göhring
Zu aktuellen Problemen der Zivilrechtsverwirklichung 12

Hans Richter
Bemerkungen zur Wirksamkeit von § 46 des Zivilgesetzbuches 17

Gotthold Bley
Einige Ergebnisse und Erfahrungen der Forschungsarbeit zum Thema „Vorbeugung zivilrechtlicher Vertragsverletzungen" 22

Manfred Mühlmann
Die Rolle der allgemeinen Pflichten für ein gesellschaftlich wirksames Zivilrecht 29

Helmut Grieger
Theoretische Probleme der Lösung zivilrechtlicher Vertragsverletzungen in den Versorgungsbeziehungen der Bürger 32

Hartwig Krüger
Erfahrungen bei der Verwirklichung der gesetzlichen Bestimmungen des Zivilgesetzbuches über die Wohnungsmiete 37

Fritz Mauer
Rechtsfragen der staatlichen Leitung des Gaststättenwesens 42

Autorenverzeichnis 48

Vorwort

Seit dem X. Parteitag der SED hat sich die Rechtswissenschaft zunehmend Forschungsaufgaben zur Wirksamkeit von Rechtsnormen bei der Ausprägung der sozialistischen Lebensweise der Bürger, der Entwicklung sozialistischer Persönlichkeiten und der weiteren Festigung sozialistischer Gesellschaftsverhältnisse zugewandt.

Auf vielen Rechtsgebieten wurden dazu umfangreiche Forschungsarbeiten geleistet. Große Aufmerksamkeit galt dabei den Faktoren, die für die weitere Vervollkommnung der sozialistischen Rechtsordnung von Bedeutung sind und die Einfluß auf die rechtliche Geborgenheit und Rechtssicherheit sowie auf das staatsbewußte Verhalten der Bürger haben, ihre Leistungsbereitschaft und ihr Leistungsverhalten zur weiteren Stärkung der entwickelten sozialistischen Gesellschaft stimulieren und motivieren und der Entfaltung der Triebkräfte und Werte des Sozialismus dienen. In diesem Sinne werden in der vorliegenden Publikation einige Erfahrungen bei der Anwendung des Zivilgesetzbuches der DDR in der Praxis vorgestellt. Es werden eine Reihe Aussagen zum Wirken und zur Wirksamkeit zivilrechtlicher Regelungen wesentlicher Versorgungsbeziehungen der Bürger getroffen und für Theorie und Praxis gleichermaßen relevante Schlußfolgerungen gezogen. Sie betreffen den realen Platz, den das Zivilrecht bei der Bedürfnisbefriedigung der Bürger einnimmt. Von wesentlicher Bedeutung ist das Wechselverhältnis, das zwischen den vom Zivilrecht geregelten Versorgungsbeziehungen und der auf der Grundlage der Leitung und Planung der Volkswirtschaft den Betrieben obliegenden Verantwortung, die planmäßige, bedarfsgerechte und kontinuierliche Versorgung der Bevölkerung zu gewährleisten, besteht.

Weitere Aussagen beziehen sich auf Erfahrungen mit den kollektiven Mitwirkungsorganen in den Einzelhandels- und Dienstleistungsbetrieben und zeigen auf, welche Anforderungen sich daraus ergeben, unter den Bedingungen der sozialistischen Demokratie und mittels ihrer Organisationsformen die demokratische Mitwirkung der Bürger in diesem gesellschaftlichen Bereich weiter zu vervollkommnen und die Versorgung der Bürger ständig zu verbessern.

Des weiteren werden im Zusammenhang mit der Vorbeugung und Überwindung von Rechtsverletzungen eine Reihe von Problemen erörtert, die auf dem Gebiet der Versorgungsbeziehungen anstehen und zu lösen sind.

Joachim Göhring

Erfahrungen bei der Anwendung des Zivilgesetzbuches in der Praxis

Thesen

1. Die vorliegenden Forschungsergebnisse zum Wirken und zur Wirksamkeit der zivilrechtlichen Regelung wesentlicher Versorgungsbeziehungen der Bürger bestätigen die konzeptionelle Forderung, die realen Ansatzpunkte der zivilrechtlichen Einflußnahme festzustellen. Nicht getan ist es mit allgemeinen Formulierungen, die generell eine unmittelbare Verbindung zur Persönlichkeitsentwicklung entsprechend den Anforderungen der sozialistischen Lebensweise herstellen. Unrichtig ist aber auch eine als Ausschließung gedachte Gegenüberstellung der Einflußnahme auf die Bedürfnisentwicklung einerseits und der Stimulierung gesellschaftlicher Aktivität andererseits.

1.1. Einflußmöglichkeiten der zivilrechtlichen Regelung bestehen auf das Lebensniveau, verstanden als ökonomische Kategorie, die den Umfang und die Qualität der Befriedigung der Bedürfnisse der Bevölkerung zum Ausdruck bringt. Der Schwerpunkt der Einflußnahme liegt bei der individuellen Konsumtion und der Dauer und der Verwendung der arbeitsfreien Zeit als Bestandteile des Lebensniveaus. Indem das Zivilrecht auf die qualitätsgerechte, vollständige, termingerechte Versorgungsleistung zum gesetzlichen Preis hinwirkt und den Schutz von Leben und Gesundheit und das persönliche Eigentum des Bürgers im Prozeß der Bedürfnisbefriedigung sichert, erbringt es seinen spezifischen Beitrag.

1.2. Auf gleicher Ebene wie die Einflußnahme auf das Lebensniveau und mit dieser untrennbar verflochten, liegt die Einflußnahme auf die Realisierung des sozialistischen Leistungsprinzips.[1] Ausgehend vom erforderlichen primären Wirken des Leistungsprinzips in den gesellschaftlichen Arbeitsverhältnissen, muß gesamtgesellschaftlich gesichert werden, daß neben die leistungsgerechte Entlohnung die Möglichkeit der Umwandlung des Geldes in Konsumgüter und Dienstleistungen tritt. Indem das Zivilrecht unter den in These 1.1. genannten Aspekten zur Erhöhung des Lebensniveaus beiträgt, wirkt es gleichzeitig auf die Realisierung des Leistungsprinzips. Damit kann jedoch nicht die Erwartung verbunden werden, direkt und allein die aktive Stimulierung der persönlichen Leistung zu bewirken. Gesichert wird jedoch, daß die leistungsgerechte Verteilung als Faktor im Wirkungszusammenhang mit der moralischen Stimulierung und der politisch-ideologischen Beeinflussung enthalten ist und bleibt.

1.3. Das Lebensniveau bildet die ökonomische Voraussetzung und damit *einen* Wirkungsfaktor der Entwicklung der sozialistischen Lebensweise. Weitere Faktoren z. B. sind die Klassenlage, die Bewußtseinsbildung, historische Traditionen, die Teilnahme am gesellschaftlichen Leben usw. Ist daher – wie in These 1.1. ausgeführt – eine Beeinflussung des Lebensniveaus über die zivilrechtliche Regelung möglich, so kann aber nicht aus der festgestellten positiven zivilrechtlichen Einflußnahme auf das Lebensniveau unmittelbar auf die Entwicklung der Persönlichkeit bzw. der Lebensweise geschlossen werden. Die zivilrechtliche Einflußnahme trägt jedoch dazu bei, daß das

Lebensniveau als Wirkungsfaktor im Ensemble der weiteren Wirkungsfaktoren wirksam werden kann.

1.4. Unmittelbare Einflußmöglichkeiten der zivilrechtlichen Regelung ergeben sich auf die Art und Weise der Bedürfnisbefriedigung der Bürger und damit auf bestimmte Aspekte der Lebensweise. Verhaltensorientierend und ideologiebildend kann Einfluß genommen werden auf

- die Erfüllung der eigenen Leistungs- und insbesondere Zahlungspflichten gegenüber dem Versorgungsbetrieb,
- den Schutz des sozialistischen Eigentums,
- die Mitgestaltung in den Beziehungen im Sinne der Machtrealisierung,
- das kameradschaftliche Zusammenwirken mit dem Partner der Versorgungsbeziehungen,
- die gegenseitige Hilfe,
- die Vermeidung von Störungen und Schädigungen gegenüber anderen Betrieben und Bürgern.

2. Die in der Rechtsordnung der DDR (und der ČSSR) vollzogene Trennung zwischen Wirtschafts- und Zivilrecht hat sich bewährt. Sie ermöglicht es, der Spezifik der Leitungsanforderungen, der Planungs- und Kooperationsbeziehungen der Betriebe einerseits und der Versorgungsbeziehungen der Bürger durch die rechtliche Regelung und durch die Formen der Einflußnahme auf die Rechtsverwirklichung andererseits entsprechenden Ausdruck zu verleihen. Davon ausgehend kann auch den „aktuellen“ Argumenten gegen die Unterscheidung zwischen Wirtschafts- und Zivilrecht entgegengetreten werden, die sich auf den einheitlichen Prozeß der Erfüllung der Hauptaufgabe berufen. Allerdings darf die Unterscheidung zwischen Wirtschafts- und Zivilrecht aber auch nicht so verstanden werden, als würde nur das Wirtschaftsrecht (ergänzt durch das Arbeits-, Neuerer- und Erfinderrecht) zur Wirtschaftsleitung beitragen, nicht jedoch das Zivilrecht.

2.1. Ausgegangen werden muß vom gesellschaftlichen Reproduktionsprozeß, seinen Elementen als „Glieder einer Totalität“[2] und der inhaltlichen Bestimmung dieses Prozesses durch die aus dem ökonomischen Grundgesetz abgeleitete Hauptaufgabe und der Stellung oder besser, der Doppelstellung der Betriebe in diesem Prozeß. Einerseits als Beteiligte der Planungs- und Kooperationsbeziehungen und andererseits der Versorgungsbeziehungen der Bürger bilden sie den Dreh- und Angelpunkt für die Gestaltung innerhalb verschiedener Elemente des Reproduktionsprozesses. Entsprechende Positionen wurden bereits in der Phase der Vorbereitung des Zivilgesetzbuches vertreten und haben dann in der Regelung ihren Ausdruck gefunden. Die Rechte und Pflichten der Betriebe in den zivilrechtlich geleiteten Beziehungen sind ausdrücklich mit ihrer durch die Leitung und Planung der Volkswirtschaft grundsätzlich begründeten Verantwortung für die planmäßige, bedarfsgerechte und kontinuierliche Versorgung der Bevölkerung verknüpft worden.[3] Die so bereits den Betrieben obliegenden Pflichten werden dann vielfältig zivilrechtlich ausgestaltet bzw. es werden neuen Pflichten auferlegt. Um diesen Pflichten aber gerecht werden zu können, bedarf es einer rückwirkenden Umsetzung in den Planungs- und Kooperationsbeziehungen bzw. bei der Ausgestaltung der Arbeitspflichten der Werktätigen der Betriebe. Gebäudewirtschaftsbetriebe müssen z. B. zur Sicherung der Instandhaltung der Wohnungen so mit den staatlichen Organen zusammenwirken, daß die Einheit von staatlicher und betrieblicher Planung unter Mitwirkung der Mieter im Planungsprozeß und unter Einbeziehung der Eigenleistungen der Mieter in der Planung herbeigeführt wird. Ausgehend von den zivilrechtlichen Garantieverpflichtungen müssen z. B. wirtschaftsrechtliche Kundendienstverträge gem. der 4. Durchführungsverordnung zum Vertragsgesetz[4] abgeschlossen werden. Dienstleistungsbetriebe müssen die Arbeitspflichten der Werktätigen so gestalten, daß die Pflichten zum Schutz der Gegenstände des persönlichen Eigentums[5] realisiert werden können.

2.2. Bei der Gestaltung der einzelnen Abschnitte des Reproduktionsprozesses sind stets die Anforderungen des Gesamtprozesses und seiner in der Hauptaufgabe formulierten gesellschaftlichen Zielstellung zu berücksichtigen, um zu verhindern, Einzelaspekte der betrieblichen Tätigkeit isoliert von den Auswirkungen in den Versorgungsbeziehungen der Bürger zu sehen. Folgt man gebräuchlichen Charakterisierungen, daß Leitung stets darauf gerichtet ist, das gemeinschaftliche Handeln der Menschen zu sichern, so ist in jedem Fall das Wirken des Zivilrechts hier einzuordnen. Das Ergebnis wird noch deutlicher, wenn man Kennzeichnungen der Leitung der sozialistischen Wirtschaft zugrundelegt, z. B. als Gestaltung des volkswirtschaftlichen Reproduktionsprozesses entsprechend den gesellschaftlichen Interessen der Kollktive und Individuen bzw. den objektiven Erfordernissen der ökonomischen Gesetze in Übereinstimmung mit den jeweiligen historischen Gegebenheiten.[6]

3. Das Zivilgesetzbuch als Kodifikation des sozialistischen Zivilrechts der DDR ist – auch im Unterschied zu anderen sozialistischen Zivilrechtskodifikationen – durch die ausdrückliche Ausgestaltung des Grundrechts auf Mitgestaltung[7] charakterisiert. Die Regelung individueller und insbesondere auch kollektiver Mitwirkung[8] stellt einen bewußten Bruch mit herkömmlichen Vorstellungen zivilrechtlicher Regelungsmöglichkeiten dar. Sie wurde durch die Tätigkeit kollektiver Mitwirkungsorgane und entsprechende theoretische Verallgemeinerungen noch während der Geltung des Bürgerlichen Gesetzbuches (BGB) vorbereitet. Im Prozeß der Durchsetzung des Zivilgesetzbuches ging es daher auch darum, insbesondere die kollektiven Formen der Mitwirkung als Erscheinungsformen der sozialistischen Demokratie in den Versorgungsbeziehungen wirksam werden zu lassen – zu verstehen nicht als eine Aufgabe neben den Versorgungsaufgaben, sondern eingeordnet in ihre möglichst umfassende Lösung.

3.1. Die günstigsten Bedingungen sind bei den Formen der kollektiven Mitgestaltung in den Wohnbeziehungen gegeben. Der auf Dauer gerichtete Charakter der Wohnungsmietbeziehungen läßt es zu, die Beziehungen zwischen Mietergemeinschaft und den Vermietern durch Vertrag zu gestalten. Es handelt sich hier um einen eigenständigen zivilrechtlichen Vertrag, der rechtliche und nichtrechtliche Elemente enthält. Die Kombination rechtlicher mit politisch-moralischen Verpflichtungen trägt wirkungsvoll zur Förderung freiwilliger Bürgerinitiativen bei der Instandhaltung und Pflege, Modernisierung und Verwaltung des Wohnungsfonds bei. Im Interesse der angeführten Zielrichtung macht sich jedoch eine differenzierte Betrachtung der Vielfalt kollektiver und individueller Mitwirkungsformen notwendig. Insbesondere sollten individuelle Vereinbarungen zwischen einzelnen Bürgern und den Vermietern nicht als Bestandteil der Vereinbarung zwischen der Mietergemeinschaft und dem Vermieter angesehen werden, sondern als eigenständige individuelle vertragliche Mitwirkung, auf deren Abwicklung die Regelungen der §§ 114 ff. ZGB jedoch entsprechend anzuwenden sind, insbesondere auch die Regelungen zur rechtlichen Verantwortlichkeit gemäß § 117 Abs. 2 ZGB. Liegen als Ausdruck des Wirkens der Mietergemeinschaften auch beeindruckende Ergebnisse vor, so könnten diese noch größer sein, wenn alle Gebäudewirtschaftsbetriebe auch bei Existenz einer arbeitenden Mietergemeinschaft in der Wahrnehmung ihrer Vermieterpflichten nicht nachlassen und die Mietergemeinschaft entsprechend unterstützen würden.

3.2. Differenziert gestaltet sich die Mitwirkung in den Einzelhandelsbetrieben. In den Konsumgenossenschaften in ihrer Doppelfunktion als gesellschaftliche Organisation und Handelseinrichtung nehmen die Leitungen der Grundorganisationen bzw. von diesen beauftragte Aktivs die Funktion der kollektiven Mitwirkungsorgane wahr und sichern auf diesem Wege die beratende und kontrollierende Tätigkeit. Keine so enge Bindung zwischen Kunden und Handelsbetrieb ist im volkseigenen Einzelhandel gegeben. Das äußert sich in einer geringeren Motivierung zur Mitwirkung. Es hat sich jedoch bestätigt, daß das Zivilgesetzbuch und die im vergangenem Jahr neu gefaßte Anordnung über die Kundenbeiräte im volkseigenen Einzelhandel[9] die richtigen Orientierungen für die Tätigkeit der kollektiven Mitwirkungsorgane und die erforderliche Unterstützung durch die Leitungen der Betriebe vermitteln. Das wird durch die Aktivitäten vieler Kundenbeiräte belegt. Allerdings konnte auch immer wieder festgestellt werden, daß es entsprechende Initiativen der Betriebe zur Bildung der Organe und dazu bedarf, sie für die Erfüllung ihrer Aufgaben zu schulen, ihnen Rechtskenntnisse und Erfahrungen zu vermitteln.

3.3. Noch weitergehende Einschränkungen müssen zur Wirksamkeit der kollektiven Mitwirkungsorgane in den Dienstleistungsbetrieben gemacht werden. Erkennbar reicht die Methode des Zivilgesetzbuches, mit § 163 Abs. 3 auf § 135 ZGB zu verweisen, nicht aus, die erforderliche Anleitung zu geben und kollektive Mitwirkungsorgane in Dienstleistungsbetrieben wirksam werden zu lassen. Diese Möglichkeit zur demokratischen Mitwirkung der Bürger bleibt bisher weitgehend ungenutzt und gesellschaftlich wirkungslos.

4. Trägt die Erfüllung der zivilrechtlichen Verträge in den Versorgungsbeziehungen der Bürger zur Erhöhung des Lebensniveaus und zur Realisierung des Leistungsprinzips bei, so erweisen sich Vertragsverletzungen, d. h. Rechtsverletzungen, als Störungen dieser Prozesse. Erforderlich ist daher die Erkenntnis der sozialen Natur dieser Erscheinungen, ihrer charakteristischen Arten sowie der Voraussetzungen ihrer Überwindung und Vorbeugung.

4.1. Zivilrechtliche Vertragsverletzungen sind Ausdruck der im Prozeß der Gestaltung der entwickelten sozialistischen Gesellschaft in den einzelnen Bereichen auftretenden Widersprüche. Sind die Vertragsverletzungen auch im wesentlichen auf subjektive Ursachen zurückzuführen, so gelangen daneben in bestimmtem Umfang auch objektive, im ökonomischen Entwicklungsstand begründete Ursachen und Bedingungen zur Wirkung. Die Kausalität der zivilrechtlichen Vertragsverletzungen wird darüber hinaus durch die Tatsache geprägt, daß die Faktoren und Umstände, die zur Entstehung von Pflichtverletzungen führen, im maßgeblichen Umfang in dem zivilrechtlichen Leitungsbereich vorgelagerten, vom Staats-, Verwaltungs- und Wirtschaftsrecht geleiteten gesellschaftlichen Beziehungen angesiedelt sind. Bereits hieraus folgt, daß die Vorbeugung der Vertragsverletzungen nicht allein eine Angelegenheit der Vertragspartner sein kann, sondern eine gesellschaftliche Aufgabenstellung, die das abgestimmte Wirken aller Rechtszweige erfordert.

4.2. Im Zivilgesetzbuch, in seinen Nachfolgeregelungen und in den auf dieser Grundlage abgeschlossenen Verträgen sind Verhaltensanforderungen als Rechtspflichten gestaltet. Vertragsverletzungen tragen daher den Charakter einer Pflichtverletzung. Nach dem Gesetz ist der Tatbestand der Vertragsverletzung bereits dann erfüllt, wenn die in der rechtlichen Bestimmung festgelegte Verhaltensanforderung objektiv nicht realisiert wurde. Zur richtigen sozialen Bewertung der Vertragsverletzungen und um Erkenntnisse für die Vorbeugung und Lösung dieser Zivilrechtskonflikte zu gewinnen, ist es jedoch notwendig, zwischen subjektiv vorwerfbaren – im Sinne der §§ 333 und 334 ZGB – und objektiv pflichtverletzenden Handlungen zu unterscheiden.

4.3. In den untersuchten Versorgungsbeziehungen konnten insbesondere folgende Vertragsverletzungen festgestellt werden: Typisch in den Wohnungsmietbeziehungen sind Verletzungen der Instandhaltungspflicht des Vermieters und der Mietzahlungspflicht des Mieters.

In den Kaufbeziehungen wurden Verletzungen der Pflichten des Verkäufers zur qualitätsgerechten Leistung, zur termingerechten Erfüllung und zur vollständigen Leistung sowie der Pflicht zur Einhaltung der Preisvorschriften bei Preisvereinbarungen und entsprechenden Kaufpreiszahlungen festgestellt. Kennzeichnend für Vertragsverletzungen in den Dienstleistungsbeziehungen sind: die Nichteinhaltung der Leistungszeit durch den Betrieb, die Verletzung der Pflicht zur qualitätsgerechten Leistung sowie der Sorgfaltspflicht für das persönliche Eigentum der Bürger.

4.4. Die Vorbeugung von Zivilrechtsverletzungen ist ein Komplex von staatlichen und gesellschaftlichen Maßnahmen und Mitteln, die auf die Feststellung, Beseitigung oder Zurückdrängung der Ursachen und Bedingungen für die Entstehung von Zivilrechtsverletzungen gerichtet sind. Grundlage für die Vorbeugung bilden die weitere Entwicklung der sozialistischen Wirtschaft, die Erhöhung des moralischen und geistigen Niveaus der Werktätigen und ihrer schöpferischen Aktivität sowie die weitere Entfaltung der sozialistischen Demokratie in allen Bereichen des gesellschaftlichen Lebens. Die Vorbeugungsarbeit in den vom Zivilrecht geregelten Versorgungsbeziehungen beinhaltet allgemeine und spezielle Maßnahmen, die keineswegs nur rechtlicher Natur sind. Für die Vorbeugung von Rechtsverletzungen in den Wohnungsmiet-, Kauf- und Dienstleistungsbeziehungen ist charakteristisch, daß sie nur in der Einheit der Verantwortung zentraler und örtlicher staatlicher Organe wirksam gestaltet werden kann. Den örtlichen Staatsorganen kommt in der Wahrnehmung ihrer Koordinierungsverantwortung im Territorium eine ganz besondere Bedeutung zu. Die Verantwortung der Kombinate bzw. Betriebe bezieht sich darauf, Voraussetzungen für Leistungen in den Versorgungsbeziehungen bzw. für die Erbringung der Leistungen selbst zu schaffen. Im stärkeren Maße bedarf es des Einsatzes der wirtschaftsrechtlichen bzw. der arbeitsrechtlichen Verantwortlichkeit, um den Ursachen und Bedingungen zivilrechtlicher Vertragsverletzungen nachzugehen (siehe These 2.1.).

5. Wie berechtigt die Forderung der Partei an die Gesellschaftswissenschaftler ist, sich den Problemen zuzuwenden, die das Leben stellt und auf der Grundlage eines entsprechenden empirischen Materials zu Schlußfolgerungen zu kommen, läßt sich auch mit dem Stillstand der Positionen zur Unterstützung der Zivilrechtsverwirklichung durch Eingaben in den letzten 10 Jahren belegen. Seit Jahren wird staatlich durch den Erlaß von Rechtsvorschriften zur Eingabenbearbeitung und durch ein alle Ebenen des Staatsapparates durchziehendes System von Kontrollen und Analysen der Eingabenbearbeitung darauf Einfluß genommen, daß Anliegen der Bürger, insbesondere gegenüber staatlichen und wirtschaftsleitenden Organen sowie Betrieben, in einer bestimmten Ordnung und innerhalb von Fristen bearbeitet werden. Das geltende Eingabengesetz[10] ist in seinem § 1 weit gefaßt und schließt lediglich gerichtliche Klagen und andere, in prozeßrechtlichen Bestimmungen vorgesehene Anträge bzw. solche Anträge, für deren Bearbeitung spezielle Verfahrensvorschriften, Bearbeitungsfristen usw. gelten, als Eingabe aus. Der Realität der Rechtsverwirklichung in der DDR entspricht es, daß Bürger in großem Umfange Anliegen „zivilrechtlichen Inhaltes“ an staatliche und wirtschaftsleitende Organe und an Betriebe herantragen. Die Anliegen weisen

sehr differenzierte Inhalte auf. Sie reichen von Forderungen, um Voraussetzungen für die Begründung konkreter Zivilrechtsverhältnisse zu schaffen, bis hin zu Ansprüchen aus Wohnungsmiet-, Kauf- und Dienstleistungsverträgen. Gleichfalls der Realität entspricht es, daß es auf diesem Wege überwiegend gelingt, im Rahmen der zivilrechtlichen Regelung eine dem Bürger zufriedenstellende Antwort zu geben, insbesondere auch zu einer eigenverantwortlichen Überwindung des Konflikts zu gelangen. Allerdings ist auch nicht zu übersehen, daß ihre Bearbeitung vielfach ohne ausreichende Zivilrechtskenntnisse erfolgt und daher Fehlentscheidungen in beiden Richtungen – Verweigerung von Ansprüchen, Realisierung unberechtigt erhobener Ansprüche – feststellbar sind.

Vergleichende Untersuchungen haben ergeben, daß die Zahl der Klagen der Bürger gegenüber der Zahl der Eingaben an staatliche Organe und Betriebe, ausdrücklich bezogen auf Ansprüche aus konkreten Zivilrechtsverhältnissen, verschwindend gering ist.

In den Lehrbüchern Zivilrecht[11] und Zivilprozeßrecht[12] ist daher davon ausgegangen worden, daß es sich hierbei um eine Erscheinungsform der sozialistischen Demokratie mit Auswirkungen auf den Prozeß der Zivilrechtsverwirklichung handelt, ohne daß die Notwendigkeit zur gegebenenfalls verbindlichen Streitentscheidung durch die Gerichte in Frage gestellt wird. Die Eingaben haben sich im zivilrechtlichen Regelungsbereich als im hohen Maße nützlich zur Unterstützung der Konfliktlösung erwiesen.

Diesen Auffassungen wird aber seit Jahren entgegengehalten, daß das Rechtsinstitut der Eingaben für solche Anliegen nicht gedacht sei, insbesondere immer dann, wenn auch eine Klage möglich wäre, weder bei staatlichen Organen noch bei Betrieben von Eingaben gesprochen werden könne, d. h., die Möglichkeiten der Eingabenregelung werden bewußt aus dem Prozeß der eigenverantwortlichen Konfliktüberwindung ausgeschaltet. Dementsprechend fehlt es an durchgängigen Bemühungen, die Bearbeiter solcher Eingaben durch zivilrechtliche Schulungen zu befähigen, entsprechend den mit dem Zivilgesetzbuch angestrebten sozialen Zielen wirksam zu werden. Gleichfalls nicht überall befriedigend ist das Zusammenwirken der Gerichte mit jenen staatlichen Organen und Betrieben, bei denen sich die Eingaben zivilrechtlichen Inhalts konzentrieren.

Anmerkungen

1 Zivilgesetzbuch der DDR vom 19. 6. 1975, GBl. I, Nr. 27, (im folgenden: Zivilgesetzbuch der DDR), § 3.

2 K. Marx, Einleitung zu den Grundrissen der Kritik der Politischen Ökonomie, MEW, Bd. 42, Berlin 1983, S. 34.

3 Vgl. Zivilgesetzbuch der DDR, a. a. O., §§ 10, 12, 43, 94, 133, 162.

4 Vierte Durchführungsbestimmung zum Vertragsgesetzt – Wirtschaftsverträge zur Versorgung der Bevölkerung – vom 25. 3. 1982, GBl. I, Nr. 16, S. 339, §§ 9, 10.

5 Vgl. Zivilgesetzbuch der DDR, a. a. O., § 172.

6 Vgl. U.-J. Heuer, Recht und Wirtschaftsleitung im Sozialismus, Berlin 1982, S. 137. Autorenkollektiv, Leitung der sozialistischen Wirtschaft, Lehrbuch, Berlin 1983, S. 12.

7 Vgl. Verfassung der DDR vom 6. 4. 1968 in der Fassung des Gesetzes zur Ergänzung und Änderung der Verfassung der DDR vom 7. 10. 1974, GBl. I, Nr. 47, S. 425, Artikel 21.

8 Vgl. Zivilgesetzbuch der DDR, a. a. O., §§ 9, 114 ff., 135, 163.

9 Vgl. Anordnung über die Kundenbeiräte im volkseigenen Einzelhandel vom 27. 3. 1983, GBl. I, Nr. 21, S. 220.

10 Vgl. Gesetz über die Eingaben der Bürger (Eingabengesetz) vom 19. 6. 1975, GBl. I, Nr. 26, S. 461.

11 Vgl. Autorenkollektiv, Zivilrecht, Lehrbuch, Berlin 1981, Teil 1, S. 114 f.

12 Vgl. Autorenkollektiv, Zivilprozeßrecht, Lehrbuch, Berlin 1980, S. 23 f.

Joachim Göhring

Zu aktuellen Problemen der Zivilrechtsverwirklichung

Die Forschungsarbeiten zum Thema „Der Beitrag des sozialistischen Zivilrechts zur Befriedigung der materiellen und kulturellen Bedürfnisse der Bürger als Bestandteil der sozialistischen Lebensweise" stellen einen Beitrag zur Erforschung der Wirksamkeit des sozialistischen Rechts insgesamt dar. Die an der Lösung der Forschungsaufgabe beteiligten Wissenschaftler gingen dabei von der Überzeugung aus, daß der Auftrag des X. Parteitages der SED, die sozialistische Rechtsordnung ständig zu vervollkommnen[1], nur erfüllt werden kann, wenn Aussagen darüber gemacht werden können, inwieweit auch die Normen des sozialistischen Zivilrechts dazu beitragen, die sozialen Ziele der entwickelten sozialistischen Gesellschaft zu verwirklichen. Eine wichtige Frage bestand darin, die theoretischen Grunndfragen der Wirksamkeitsforschung zu klären und eine solche Forschungsmethodik anzuwenden, die geeignet ist, die Aufgaben am besten zu lösen.

Als ein Ergebnis der mehrjährigen Arbeit auf dieser Grundlage muß festgestellt werden, daß ein hoher Anspruch damit verbunden ist, Wirksamkeitsforschung zu betreiben. So trafen wir in den untersuchten Beziehungen der Versorgung der Bürger mit Wohnraum, Konsumgütern und Dienstleistungen sowie ihres Zusammenschlusses zu Gemeinschaften auf komplexe Wirkungszusammenhänge, die es komplizierten, den Beitrag des Rechts im allgemeinen und der jeweiligen zivilrechtlichen Regelung im besonderen zu bestimmen. In den Bereichen, die eindeutig zivilrechtlich geregelt sind, zeigte sich z. T. ein sehr unterschiedlicher Stand der Rechtsverwirklichung. Dadurch konnten nicht sofort Aussagen zur Wirksamkeit gemacht werden. Jedoch war es vielfach möglich, im Prozeß der Forschung und der Auswertung der Forschungsergebnisse Einfluß auf die Qualifizierung der Rechtsverwirklichung als Voraussetzung für die Wirksamkeit zivilrechtlicher Regelungen zu nehmen. Weiterhin mußte festgestellt werden, daß es schwierig war, von den Gebäudewirtschafts-, Einzelhandels- und Dienstleistungsbetrieben Angaben insbesondere auch Zahlenangaben auf vergleichbarer Grundlage über den Zeitraum mehrerer Jahre zu erhalten. So wird die Geltendmachung von Garantieansprüchen bei hauswirtschaftlichen Dienstleistungen und Reparaturen in manchen Betrieben nicht erfaßt. Erfolgt eine Erfassung von Schadensersatzansprüchen der Bürger, wird in der Regel keine Unterscheidung nach der Anspruchsgrundlage vorgenommen; ohne Zweifel ist es jedoch bedeutsam, ob Schadenersetz als Garantieleistung, als Folge der Verletzung der Sorgfaltspflicht gegenüber dem persönlichen Eigentum der Bürger im Prozeß der Dienstleistung oder der Erfüllung des Kaufvertrages oder als Folge der Verletzung der Streupflicht, z. B. vor dem Betriebsgebäude, gezahlt werden muß. Selbst wenn eine Erfassung erfolgte, mußte festgestellt werden, daß die betrieblichen Unterlagen nur sehr kurze Zeit aufbewahrt wurden, so daß Tendenzaussagen über einen längeren Zeitraum nur selten möglich sinnd. Trotz dieser Unzulänglichkeiten festigte sich im Forschungsprozeß bei den an der Forschungsaufgabe beteiligten Wissenschaftlern die Überzeugung, daß es nur auf diesem Wege möglich ist, Kenntnis über die realen

Probleme der gesellschaftlichen Beziehungen und ihrer auch zivilrechtlichen Leitung zu erhalten. Probleme, die bei der Sammlung empirischen Materials auftreten, dürfen nicht dazu führen, auf dieses zu verzichten, sondern müssen zu neuen Überlegungen anregen, wie im Zusammenwirken mit staatlichen und wirtschaftsleitenden Organen sowie Betrieben solche empirischen Materialien für die wissenschaftliche Arbeit besser zugänglich gemacht und erschlossen werden können. Von wesentlicher Bedeutung für die wissenschaftliche Arbeit, für die Konzipierung der Forschungsaufgabe und die Gestaltung des Forschungsprozesses waren die Orientierungen der Gesellschaftswissenschaftlichen Konferenz.[2] Zum einen geht es darum, die vorliegenden Feststellungen zur Verwirklichung, zum Wirken und zum Teil zur Wirksamkeit wesentlicher Normen des Zivilrechts zu verallgemeinern, theoretisch zu verarbeiten und in differenzierter Form praxiswirksam zu machen, zum anderen gilt es, unter rationellem Einsatz der Kräfte für den 1986 beginnenden Forschungszeitraum die Linie der konkreten Untersuchungen einerseits fortzusetzen, sie aber andererseits auf andere, bisher vernachlässigte Gebiete zu erweitern. Bedeutsam sind in diesem Zusammenhang die Probleme des Eigentums und des Eigentumsrechts sowie seines Schutzes vor Schadenszufügung, auch über die Versorgungsbeziehungen hinaus.

Nun einige ergänzende Ausführungen zu den vorangestellten Thesen: Wichtig ist, wie in These 1 dargelegt, die Ansatzpunkte der zivilrechtlichen Einflußnahme innerhalb bestimmter Wirkungszusammenhänge zu charakterisieren. Klarheit zu diesen Fragen ist sowohl erforderlich als Voraussetzung für die richtige Orientierung der Forschung als auch für die Verallgemeinerung der Forschungsergebnisse. Obwohl diese Fragen bereits bei der Konzipierung des Forschungsvorhabens eine wesentliche Rolle gespielt hatten, machten eigentlich erst die praktischen Untersuchungen wesentlicher Versorgungsbeziehungen ihre Wichtigkeit überzeugend deutlich. Klar wurde auch, daß im Zusammenhang mit diesen Fragen die Erkenntnisse anderer gesellschaftswissenschaftlicher Disziplinen, insbesondere der marxistisch-leninistischen Philosophie, der politischen Ökonomie und der Soziologie, genutzt werden müssen.

Ausgehend von den für die weitere gesellschaftswissenschaftliche Arbeit richtungsweisenden Orientierungen zur weiteren Entfaltung der Triebkräfte und Werte des Sozialismus,[3] stand auch vor der Zivilrechtswissenschaft verstärkt die Aufgabe, real den Platz, die Möglichkeiten und Grenzen des Zivilrechts zu bestimmen. Es ist nichts erreicht, wenn die umfassenden gesellschaftlichen Zielstellungen isoliert zum Ausgangspunkt genommen und mit der Wertung verbunden werden, das Neue im Zivilrecht zeige sich in der erreichten Etappe in der Einflußnahme auf die Persönlichkeitsentwicklung und die gesellschaftliche Aktivität der Bürger bzw. auf die sozialistische Lebensweise. Es entsteht eine unrichtige Aussage, wenn diese Gewichtung mit der Vorstellung verknüpft wird, die Sorge um eine qualitätsgerechte, vollständige, rechtzeitige, preisgerechte Erfüllung der Versorgungspflichten sei herkömmlich, zweitrangig oder „unmodern“.

Richtig ist es, die umfassenden gesellschaftlichen Zielstellungen zu sehen, aber zugleich zu erkennen, daß ein entscheidender Beitrag, um sie zu erreichen, gerade dadurch erbracht wird, daß unter den genannten Kriterien die Bedürfnisbefriedigung als ein Teilaspekt der sozialen Sicherheit gewährleistet wird. Auch ist es notwendig, an die Vielzahl weiterer Faktoren zu denken, die notwendig sind, damit die Bedürfnisbefriedigung bzw. die Erhöhung des Lebensniveaus und damit auch die soziale Sicherheit als Triebkraft wirken, die sozialistische Persönlichkeit sich entwickelt und die sozialistische Lebensweise sich entfaltet.

Entsprechend verhält es sich mit dem Leistungsprinzip innerhalb der genannten Wirkungszusammenhänge und seiner zivilrechtlichen Beeinflussung.

Bereits § 3 ZGB läßt erkennen, daß es sich hier um ein Zusammenwirken verschiedener gesellschaftlicher Beziehungen und ihrer in verschiedenen Rechtszweigen erfolgenden Regelungen gehen muß, wobei eine Priorität der gesellschaftlichen Arbeitsverhältnisse und ihrer Regelungen nicht zu übersehen ist. Anliegen der zivilrechtlichen Regelung muß es sein, die Ergebnisse der leistungsgerechten Verteilung aus den gesllschaftlichen Arbeitsverhältnissen in den Versorgungsbeziehungen bzw. im weiteren zivilrechtlichen Regelungsbereich nicht beeinträchtigen zu lassen. Gab es Verletzungen des Leistungsprinzips in den gesellschaftlichen Arbeitsverhältnissen, so kann das Zivilrecht nicht korrigierend wirken, sondern wird die Verletzungen reproduzieren.

In These 2 wird auf die Frage Zivilrecht und Leitung, insbesondere Leitung der Volkswirtschaft, eingegangen und das Zivilrecht als ein Mittel der Leitung im Sozialismus charakterisiert.[4] Dabei ist es klar, daß die Leitung in den einzelnen gesellschaftlichen Beziehungen und mittels der verschiedenen Rechtszweige stets eine bestimmte Spezifik aufweist und wir sicherlich noch keinen abschließenden Erkenntnisstand hinsichtlich der Spezifik der Leitung mittels des Zivilrechts erreicht haben.

Hier geht es aber insbesondere um die Leitung der Volkswirtschaft und um Konsequenzen aus der ökonomischen Strategie der Partei. Es wird dazu die Auffassung vertreten, daß die Trennung zwischen Wirtschaftsrecht einerseits und Zivilrecht andererseits richtig ist und sich bewährt hat, aber nicht bedeuten darf, die wirtschaftsleitende Bedeutung des Zivilrechts in Zweifel zu ziehen.[5] Auszugehen ist von den Anforderungen bei der Gestaltung der entwickelten sozialistischen Gesellschaft und dabei speziell des einheitlichen Reproduktionsprozesses in seinen verschiedenen Abschnitten. Dazu gehört, daß die zur individuellen Konsumtion führenden Versorgungsbeziehungen weitgehend zivilrechtlich geregelt sind. Aus den zivilrechtlichen Regelungen ergeben sich wesentliche Anforderungen an die Gestaltug dieser Beziehungen, denen nur entsprochen werden kann, wenn sie in den Planungsbeziehungen, den Kooperationsbeziehungen der Betriebe untereinander und bei der Gestaltung der gesellschaftlichen Arbeitsverhältnisse ihren Ausdruck finden. Ein Beispiel dafür ist die Pflicht zur Information und Beratung durch den Einzelhandelsbetrieb.[6] Damit der Einzelhandelsbetrieb dieser Pflicht nachkommen kann, muß er die Kooperationsbeziehungen zu seinen Lieferbetrieben entsprechend gestalten. Er muß z. B. die Lieferung von Informationsmaterialien, die Durchführung von Schulungen zu den Eigenschaften der Konsumgüter usw. unter Mitwirkung der Produktionsbetriebe vereinbaren. Zugleich muß der Handelsbetrieb die Arbeitspflichten der Verkaufsstellenleiter und Verkaufskräfte entsprechend ausgestalten und die innerbetrieblichen organisatorischen Voraussetzungen zu ihrer Realisierung schaffen.

Gerade unter den Bedingungen der Durchsetzung der ökonomischen Strategie der Partei besitzen diese theoretischen Überlegungen große praktische Relevanz. Bis in den Betrieb hinein muß Klarheit darüber bestehen, daß die Orientierung für sein Verhalten unter den Bedingungen des Einsatzes von Wissenschaft und Technik, des Anstrebens einer Neuerungsrate von mindestens 30 % bei Konsumgütern, der Einsparung von Energie und Material usw. nicht den verwaltungs- und wirtschaftsrechtlichen Bestimmungen allein zu entnehmen ist, sondern der Einheit der Orientierung, wie sie sich aus dem Verwaltungs-, Wirtschafts- und Zivilrecht insgesamt ergibt. Zum Beispiel gehört zur Materialeinsparung auch die Einsparung von Verpackungsmaterialien. Gesellschaftlich nützlich handelt jedoch nur der Produktionsbetrieb, der dennoch eine solche Verpackung sichert, daß das Konsumgut entsprechend den Qualitätsanforderungen den Bürger erreicht.

Wichtig war es desweiteren, Erfahrungen mit den kollektiven Mitwirkungsorganen darzulegen (These 3). Sie sind im Zivilgesetzbuch grundsätzlich geregelt. Als Erscheinungsformen der sozialistischen Demokratie, als weitere Ausgestaltung von Grundrechten und Grundpflichten im Leitungsbereich des Zivilgesetzbuches sind sie aber nicht nur für die Zivilwissenschaft, sondern auch für die Staats- und Rechtstheorie und die Staatsrechtswissenschaft von Interesse.

Wie aus These 3 ersichtlich, wird eine Abstufung von den Wohnbeziehungen, über die konsumgenossenschaftlichen Mitgliedschaftsverhältnisse, die Beziehungen zu den volkseigenen Einzelhandelsbetrieben bis hin zu den Dienstleistungsbeziehungen hinsichtlich der Bedingungen und der Wirksamkeit der Mitwirkungsformen deutlich.

Es ist zu verzeichnen, daß sich häufig staatliche Organe und Betriebe nicht im erforderlichen und möglichen Maße für die Arbeit der kollektiven Mitwirkungsorgane einsetzen. Sowohl in den Einzelhandels- als auch in den Dienstleistungsbetrieben müßte das kritische Element der Mitwirkung stärker ausgeprägt werden. In den Einzelhandels- und Dienstleistungsbetrieben und den ihnen übergeordneten Organen muß die Einsicht gefördert werden, daß es sich bei der Unterstützung der kollektiven Mitwirkungsorgane nicht um eine Aufgabe neben den Versorgungsaufgaben handelt, sondern daß es gerade darum geht, unter den Bedingungen der sozialistischen Demokratie auch mittels dieser Organe die Versorgung zu qualifizeren. Allerdings meine ich auch, daß die vorliegende rechtliche Regelung hinsichtlich der Dienstleistungsbetriebe erkennbar zu unverbindlich ist und einer Änderung bedarf.

Abschließend einige Bemerkungen zur Problematik der Eingaben. In den Thesen wird auf den Widerspruch hingewiesen, der zwischen der offensichtlichen praktischen Bedeutung der Eingaben der Bürger einerseits und der Beachtung in den Zweigen der Rechtswissenschaft andererseits besteht, und es wird darauf aufmerksam gemacht, daß staatliche Maßnahmen fehlen, die der entstandenden tatsächlichen Situation Rechnung tragen. Die praktische Bedeutung wird dadurch charakterisiert, daß Bürger in einer Vielzahl von Fällen, in denen es um Anliegen geht, die materiellrechtlich im Rahmen der zivilrechtlichen Rechtsvorschriften zu beurteilen sind, sich an Betriebe und staatliche Organe der verschiedenen Ebenen – mitunter sogar mehrfach in ein und derselben Angelegenheit – wenden. Die Auffassung „Dann mache ich eben eine Eingabe“, ist im Bewußtsein der Bürger weit verbreitet. Dieses Bewußtsein wurde auch durch die Erfahrung gefestigt, daß der Weg der Eingabe überwiegend auch zu Ergebnissen führt, die als positiv empfunden werden. Vergleichende Untersuchungen haben gezeigt, daß dagegen Klagen in diesen Sachen verschwindend wenige eingereicht werden. Die Frage, die sich in diesem Zusammenhang erhebt, ist die, ob dieser Weg der Konfliktüberwindung auch zu gesellschaftlich positiv einzuschätzenden Ergebnissen führt. Je nach Beantwortung dieser Frage – ob ja oder nein – müßten entsprechende Schlußfolgerungen, die sowohl den Bürger als auch die staatlichen Organe und Betriebe betreffen, gezogen werden. Bedenken, solche Anliegen zivilrechtlichen Inhalts als Eingaben zu qualifzieren, werden damit begründet, daß zum einen bei der Erarbeitung des Eingabengesetzes (EG)[7] an Anliegen dieser Art nicht gedacht worden ist. Das mag sein, ist aber kein überzeugendes Argument, wenn die Dinge sich anders entwickelt haben. Zum anderen wird mit der Norm des § 1 Abs. 3 EG argumentiert, die angeblich überall dort, wo der Klageweg möglich ist, den Weg der Eingaben ausschließen soll. Dazu ist zu sagen, daß § 1 Abs. 3 EG sich deutlich nur auf solche, bereits eingeleiteten Verfahren bezieht. Im übrigen steht dieses Argument im Gegensatz zur dominierenden gesellschaftlichen Auffassung und auch der Regelung des § 16 ZGB, indem es sofort auf die Klage orientiert, während es doch darum geht, im Vorfeld eigenverantwortliche Lösungen zu suchen.

Meinnes Erachtens spricht trotz dieser Bedenken und Überlegungen nichts dagegen, die mit der Eingabenregelung gegebenen Vorteile auch zugunsten der Bearbeitung von Anliegen der Bürger mit zivilrechtlichem Inhalt nutzbar zu machen. Solche Vorteile bestehen

- in der Pflicht, jedes Anliegen zu erfassen, in der Verpflichtung, es sorgfältig und schnell zu bearbeiten,
- in der Orientierung auf die Gewährleistung einer solchen Bearbeitung innerhalb des Betriebes bzw. Organs, die eine kritische Betrachtung erleichtert,
- in der Verpflichtung, das Anliegen fristgemäß zu beantworten bzw. Zwischenbescheide zu erteilen und
- in der Pflicht, das Anliegen auszuwerten.

Selbstverständlich müßten auch Überlegungen angestellt werden, wie die Eingabenbearbeitung weiter zu qualifizieren und die Zusammenarbeit mit den Gerichten weiter zu verbessern ist. Es steht völlig außer Zweifel, daß es nicht darum gehen kann, die zivilrechtliche Streitentscheidung der Gerichte ersetzen zu wollen, sondern – und das muß noch einmal deutlich unterstrichen werden – es geht um die eigenverantwortliche Lösung zivilrechtlicher Konflikte im Sinne der zivilrechtlichen Rechtsvorschriften.

Anmerkungen

1 Bericht des Zentralkomitees der SED an den X. Parteitag der SED, Berichterstatter: Genosse Erich Honecker, Berlin 1981, S. 119.

2 Vgl. Gesetzmäßigkeiten unserer Epoche – Triebkräfte und Werte des Sozialismus, Rede von Kurt Hager auf der Gesellschaftswissenschaftlichen Konferenz des ZK der SED am 15. und 16. Dezember 1983 in Berlin, Berlin 1983.

3 Vgl. ebenda.

4 Vgl. Autorenkollektiv, Zivilrecht, Lehrbuch, Berlin 1981, Teil 1, S. 24 f.

5 Vgl. J. Göhring, Ökonomische Strategie der SED und ihre Verwirklichung – entscheidender Schwerpunkt staats- und rechtswissenschaftlicher Forschung und Lehre, in: Staat und Recht, 3/1984, S. 176.

6 Vgl. Zivilgesetzbuch der DDR, a. a. O., § 137.

7 Vgl. Gesetz über die Eingaben der Bürger (Eingabengesetz) vom 19. 6. 1975, GBl. I, Nr. 26, S. 46 f.

Hans Richter

Bemerkungen zur Wirksamkeit von § 46 des Zivilgesetzbuches

Wenn über Erfahrungen bei der Anwendung des Zivilgesetzbuches (ZGB)[1] in der Praxis gesprochen wird, dann kann man nicht die Problematik der „Allgemeinen Bedingungen"[2] ausklammern. Es sei daran erinnert, daß das gesetzgeberische Motiv für den Erlaß des § 46 ZGB insbesondere darin lag, die Betriebe zu hindern, ihre stärkere Stellung im Vertrag auszunutzen und den Bürgern gewissermaßen die Vertragsbedingungen zu diktieren.[3] Die „Allgemeinen Bedingungen", die als Liefer-, Leistungs-, Geschäfts-, Nutzungs- und Zahlungsbedingungen in Erscheinung traten, sollten deshalb von den zuständigen zentralen Staatsorganen als Rechtsvorschriften erlassen und im Falle des Erlasses als Anordnung der Zustimmung des Ministers der Justiz bedürfen. Sogar die noch im Entwurf des Zivilgesetzbuches zugelassene Möglichkeit der ministeriellen Bestätigung betrieblicher Bedingungen wurde gestrichen. Erreicht werden sollte, daß die Grundsätze des Zivilgesetzbuches einheitlich angewendet werden und die Übereinstimmung der berechtigten Interessen der Betriebe mit denen der Bürger gewährleistet wird.[4] Dieses Ziel war und ist richtig; es fragt sich aber, ob es auch mit dem § 46 ZGB erreicht wurde und ob es überhaupt damit erreicht werden konnte. Meines Erachtens sind hier Bedenken anzumelden oder besser noch, es ist wohl nicht gelungen, die Wirklichkeit in ihrer ganzen Komplexität, den tatsächlichen Ablauf der praktischen Prozesse vollständig zu erfassen und in rechtliche Regelungen umzusetzen. Auch insoweit besteht Nachholebedarf, um die auf der Gesellschaftswissenschaftlichen Konferenz des ZK der SED am 15. und 16. Dezember 1983 formulierten Aufgaben der Gesellschaftswissenschaften zu erfüllen.[5] Ich sehe im Zusammenhang mit den Zielstellungen, die mit Hilfe des § 46 ZGB erreicht werden sollten, zumindest vier Probleme, die noch bewältigt werden müssen, und die zum Teil auch schon in Angriff genommen sind. Ihre Gewichtung ist dabei unterschiedlich und ich beginne mit den weniger bedeutsamen.

Zum ersten ist die Tatsache zu verzeichnen, daß trotz der ausdrücklichen Streichung dieser Möglichkeit im Entwurf des Zivilgesetzbuches einige Betriebe Vertragsbedingungen ausarbeiten können, die dann vom zuständigen Minister oder von örtlichen Staatsorganen bestätigt werden müssen.[6] Hier erheben sich folgende Fragen: Welchen rechtlichen Charakter haben denn z. B. die vom Hauptdirektor des VEB Vereinigte Wettspielbetriebe „festgelegten" Wettspielbedingungen? Das wäre ja für ihre Verbindlichkeit nicht uninteressant. Welche Bedeutung hat denn die Bestätigung durch den Minister für Finanzen? Wird dadurch die ursprünglich betriebliche Entscheidung zu einer Rechtsvorschrift oder ist das lediglich eine Kontrollmaßnahme im Hinblick auf die Einhaltung der Gesetzlichkeit? Wer kontrolliert speziell die Übereinstimmung mit den Grundsätzen des Zivilgesetzbuches. Wird hier überhaupt der Minister der Justiz befragt? Dies sind Fragen, die nicht allein von der Zivilrechtswissenschaft gelöst werden können. Hier sind insbesondere die Rechtstheoretiker befragt. Festzustellen ist jedoch, daß diese Praxis vom § 46 ZGB nicht erfaßt wird, daß weitgehend unkontrollierte Entscheidungen im Rahmen des zivilrechtlichen Regelungsmechanismus ergehen, die die Gefahr in sich bergen, für den Bürger unüberschaubar zu werden und das Zivilrecht nicht handhabbarer machen.

Ähnlich sind die mit dem zweiten Problem verbundenen Fragen. Das Zivilgesetzbuch selbst läßt nämlich in einer ganzen Reihe von Fällen die Ausarbeitung von Bedingungen durch Betriebe zu, die ebenfalls nicht vom §46 ZGB erfaßt werden.[7] Sie werden zum Teil ausdrücklich als Bestandteil des Vertrages gekennzeichnet und so verbindlich gemacht.[8] In Wirklichkeit ist es doch aber so, daß von einer vertraglichen Vereinbarung hier kaum die Rede sein kann, daß diese Bedingungen im Grunde betriebliche Entscheidungen sind, die vom Bürger kaum beeinflußbar sind. Auch hier besteht die Gefahr, daß die Übereinstimmung dieser Bedingungen mit den Grundsätzen des ZGB außer Kontrolle gerät.

Zum dritten schließlich hat der § 46 ZGB keineswegs dazu geführt, die betrieblichen Aktivitäten bei der Ausarbeitung und beim Gebrauch von Musterverträgen, Vertragsmustern, Vertragsformularen, Bedingungen, Bekanntmachungen, Aushängen, Ordnungen u. a. zu beseitigen. Wir finden diese allgmeinen betrieblichen Vertragsbedingungen[9] beim Abschluß von Wohnungsmietverträgen, bei der Festlegung der Hausordnung, beim Abschluß von Mietermitwirkungsverträgen, bei der Aufstellung von Reparatur- und Instandhaltungsplänen, beim Abschluß von Kaufverträgen, insbesondere über Pkw, Möbel, andere hochwertige Industriegüter, beim Abschluß vieler Dienstleistungsverträge und Kreditverträge, bei der unentgeltlichen Inanspruchnahme von Leistungen der Bildung und Kultur, der Erholung, des Sports und des Gesundheitswesens. Der Inhalt dieser betrieblichen Entscheidungen ist sehr unterschiedlich. Teilweise wird lediglich pauschal auf bestehende Rechtsvorschriften verwiesen, teilweise werden Rechtsnormen konkretisiert, teilweise werden geradezu umfangreiche Normensysteme entwickelt, teilweise wird auf normative Weisungen staatlicher Organe Bezug genommen oder sie werden in die betriebliche Regelung eingearbeitet. Teilweise bilden auch technische, technologische oder territoriale Besonderheiten den Inhalt der betrieblichen Bedingungen. Die Zusammenführung der Inhalte dieser sehr unterschiedlichen Leitungsmittel zu einem neuen betrieblichen Leitungsmittel macht diese Bedingungen zwar für den Bürger zunächst übersichtlich, weil er die für ihn wichtigen Regelungen in komplexer Weise vorgeführt bekommt, aber er kann nicht durchschauen, ob das alles richtig und wichtig ist, um seine Rechte und Pflichten wahrnehmen zu können, ob diese Bedingungen mit den Rechtsvorschriften übereinstimmen oder nicht. Insoweit ist es nicht von der Hand zu weisen, daß sich Betriebe mit diesen Bedingungen ungesetzliche Vorteile verschaffen können.[10] Diese Gefahr besteht insbesondere dann, wenn sie sich ihrer Versorgungsleitungsverantwortung nicht bewußt sind und auf die Ideologie und Praxis der bürgerlichen allgemeinen Geschäftsbedingungen zurückgegriffen wird. Solche Mißbräuche müssen natürlich verhindert werden, aber wir können eine solche „Mißbrauchsverhinderungstheorie“ meines Erachtens nicht zum Ausgangspunkt der Betrachtung dieser betrieblichen Bedingungen machen und sie etwa kurzerhand verbieten. Sie können bei der Einschätzung der Wirksamkeit des Mechanismus der zivilrechtlichen Regelung nicht ignoriert werden. Sie bestimmen maßgeblich die zivilrechtliche Rechtskultur und für die Bürger sind sie die Erscheinungsform des Zivilrechts schlechthin. Diese betrieblichen Bedingungen sind angesichts der Massenhaftigkeit der Vertragsabschlüsse in den Versorgungsbeziehungen notwendig und entweder kraft ausdrücklicher gesetzlicher Ermächtigung (s. o.) oder aus der im § 45 III ZGB herzuleitenden Gestaltungsmöglichkeit und schließlich auch aus der Versorgungsleitungsverantnwortung der Betriebe[11] heraus als grundsätzlich zulässig anzusehen. Hier besteht die Aufgabe nicht darin, sie für ungesetzlich zu erklären, sondern den Versuch zu unternehmen, sie zu systematisieren, die Anwendungsbereiche der einzelnen Arten der betrieblichen Bedingungen zu umreißen, den Betrieben Hinweise zu geben, wie sie solche Bedingungen ausgestalten sollten und schließlich die Kontrolle ihrer inhaltlichen Übereinstimmung mit den Grundsätzen des ZGB zu verbessern, die bereits bestehenden Kontrollmöglichkeiten auf ihre Wirksamkeit hin zu analysieren und eventuell wirkungsvollere Kontrollmöglichkeiten zu unterbreiten. Erste Ergebnisse liegen dazu vor.[12] Ein viertes Problem, das sich eng mit der Wirksamkeit des § 46 ZGB verbindet und das zwar schon immer gesehen wurde, aber erst bei der Arbeit mit dem Zivilgesetzbuch in den Rang des eigentlichen Hauptproblems aufrückte, war und ist die Bedeutung des § 46 für die Gestaltung der Beziehung zwischen Grundsatz- und Nachfolgegesetzgebung. Das Zivilgesetzbuch hat zwar an vielen Stellen dem Gesetzgeber direkte Aufträge zu seiner weiteren Tätigkeit gegeben;[13] mit dem § 46 ZGB wurde aber jedem Minister die Möglichkeit eröffnet, sich als Nachfolgegesetzgeber zum Zivilgesetzbuch zu betätigen. Die damit verbundene Gefahr des Zerfließens der Einheit von Grundsatz- und Nachfolgegesetzgebung, des möglichen Verlustes der Übereinstimmung zwischen Zivilgesetzbuch und „Allgemeinen Bedingungen" als dem wohl wichtigsten Teil der Nachfolgegesetzgebung sowohl vom Inhalt als auch von der Form her, wurde unterschätzt. Man warnte zwar davor – eingedenk schlechter Vorbilder – die Zahl der „Allgemeinen Bedingungen" nicht übermäßig auszudehnen, um das Zivilrecht nicht unübersichtlich zu machen, forderte sogar gelegentlich geradezu einen numerus clauses der „Allgemeinen Bedingungen", um der Gefahr Herr zu werden; durchgesetzt – so scheint mir – hat sich aber jetzt die Erkenntnis, daß man die Dynamik der Entwicklung und ihre rechtliche Erfassung nur dadurch beherrschen kann, wenn klare Kriterien für den Einsatz der „Allgemeinen Bedingungen" erarbeitet werden.[14] Zum Anwendungsbereich und zur Ausgestaltung der „Allgemeinen Bedingungen" sollten meines Erachtens drei Aspekte beachtet werden:

Es muß erstens Klarheit herrschen, welche inhaltlichen Kriterien für einen eventuellen Einsatz einer „Allgemeinen Bedingung" gegeben sein müssen. Der § 46 ZGB nennt dazu nur die „Besonderheiten der Leistung". Angesichts der Mannigfaltigkeit der Versorgungsbeziehungen läßt sich wohl kaum ein präziserer Begriff finden. Er ist allerdings auslegungsfähig und kann sich insbesondere auf Besonderheiten der zu verkaufenden Ware (z. B. Möbel, Tiere), auf Besonderheiten der Dienstleistungen (z. B. Waschleistungen, Kfz-Instandhaltung), auf Besonderheit bei der Erbringung der Leistung (z. B. Versandhandel) u. ä. erstrecken. Wesentlich muß sein, den Nachweis zu erbringen, daß die Normen des allgemeinen und besonderen Vertragsrechts des ZGB für die Erfassung dieser Besonderheiten und der sich daraus ergebenden Regelungserfordernisse ungeeignet sind.

Zum zweiten muß Klarheit über die Struktur der „Allgemeinen Bedingungen" herrschen. Natürlich wird die Struktur im wesentlichen durch den Inhalt bestimmt, aber sie hat auch ihre eigenen Regelungserfordernisse. Hier besteht noch ein großer Nachholebedarf.[15]

J. Fischer und R. Svensson meinen, daß der § 46 ZGB zu wenig Kriterien vorgegeben hätte, um insbesondere die Abgestimmtheit vor allem der strukturellen Seite der „Allgemeinen Bedingungen" zu gewährleisten.[16] Das ist ernsthaft zu bedenken. Ein Anknüpfungspunkt gibt indes der § 46 insofern, daß Vertragsbeziehungen ausgestaltet werden sollen und Verträge, insbesondere zivilrechtliche Leistungsverträge, um die es hier vor allem geht, haben natürlich gemeinsame Strukturelemente. Das darf bei der strukturellen Gestaltung der „Allgemeinen Bedingungen" nicht übersehen werden. Da es sich bei den „Allgemeinen Bedingungen" um Rechtsvorschriften handelt, muß natürlich auch die

Ordnung über die Vorbereitung und Gestaltung von Rechtsvorschriften beachtet werden.[17] Indes ist hier noch viel Arbeit zu leisten. Die Arbeiten von J. Fischer/R. Svensson sind ein beachtlicher Beitrag dazu.

Der dritte Gesichtspunkt schließlich betrifft alle Maßnahmen, die zur Sicherung der Einheit des Zivilgesetzbuches mit den „Allgemeinen Bedingungen" ergriffen werden müssen. Hier gab und gibt es bis in die jüngste Zeit hinein Beispiele, die vermeidbar gewesen wären. Dabei geht es sowohl um die inhaltliche als auch die terminologische Übereinstimmung zwischen Zivilgesetzbuch und „Allgemeinen Bedingungen", um die Beachtung des Stellenwertes des Zivilgesetzbuches im System der Rechtsvorschriften der DDR. Hier sieht der § 46 ZGB vor, daß alle „Allgemeinen Bedingungen", die als Anordnungen entlassen werden, der Zustimmung des Ministers der Justiz bedürfen. Er hat die Kontrolle über die Einheit von Grund- und Nachfolgeregelung. Sowohl das Planungs- und Abstimmungsverfahren beim Erlaß der „Allgemeinen Bedingungen" zwischen den einzelnen Fachministerien und dem Justizministerium als auch das Zustimmungsverfahren zu den einzelnen Anordnungen müßte überdacht und entsprechende Schlußfolgerungen müßten gezogen werden, um die erforderlichen Vorarbeiten für die Entscheidung des Ministers über die Zustimmung bzw. die Versagung der Zustimmung zum Erlaß von „Allgemeinen Bedingungen" zu leisten.

Anmerkungen

1 Zivilgesetzbuch der DDR vom 19. 6. 1975, GBl. I, Nr. 27, S. 465.
2 Vgl. Zivilgesetzbuch der DDR, a. a. O., § 46.
3 Vgl. Bericht des Verfassungs- und Rechtsausschusses der Volkskammer der DDR zum überarbeiteten Entwurf des Zivilgesetzbuches, Berichterstatter: W. Weichelt, in: Neue Justiz 14/1975, S. 409 ff. (insbesondere S. 410).
4 Vgl. ebenda, S. 411.
5 Vgl. Gesetzmäßigkeiten unserer Epoche – Triebkräfte und Werte des Sozialismus, Rede von Kurt Hager auf der Gesellschaftswissenschaftlichen Konferenz des ZK der SED am 15. und 16. Dezember 1983, Berlin 1983, S. 72, 74.
6 Vgl. z. B. Anordnung über die Bestätigung der Wettspielbedingungen für Lotto, Toto und Lotterien vom 10. 10. 1983, GBl. I, Nr. 28, S. 276 (Die erste Bestätigung erfolgte übrigens unmittelbar nach Inkrafttreten des Zivilgesetzbuches mit Anordnung vom 26. 1. 1976.); ebenso wurden viele Versicherungsbedingungen durch Anordnungen bestätigt; vgl. ferner Verordnung über die Leitung und Durchführung der öffentlichen Personenbeförderung – Personenbeförderungsordnung (PBVO) vom 5. 1. 1984, GBl. I, Nr. 4, S. 24, § 19, wonach Verkehrsbetriebe berechtigt sind, Beförderungs- und Benutzungsbedingungen zu erlassen, die der Bestätigung durch die zuständigen Staatsorgane bedürfen.
7 So z. B. die Zusatzgarantiebedingungen gem. § 150 ZGB, die Teilnahmebedingungen beim Reiseverkehr gem. § 205 f. ZGB u. a.
8 Vgl. Zivilgesetzbuch der DDR, a. a.O., §§ 106, 206.
9 Vgl. R. Tenner, Allgemeine betriebliche Vertragsbedingungen als zivilrechtliche Leitungsmittel, ihr Wesen, ihr Anwendungsbereich und ihre Ausgestaltung, Dissertation A, Martin-Luther-Universität, Halle 1983 (unveröffentlicht).
10 Vgl. z. B. Beschluß des Bezirksgerichts Leipzig vom 6. 2. 1981, in: Neue Justiz, 9/1981, S. 428.
11 Vgl. Zivilgesetzbuch der DDR, a. a. O., §10.
12 Vgl. R. Tenner, Allgemeine betriebliche Vertragsbedingungen als zivilrechtliche Leitungsmittel; ihr Wesen, ihr Anwendungsbereich und ihre Ausgestaltung, a. a. O.
13 Vgl. dazu Zivilgesetzbuch der DDR, a. a. O., S. 152.
14 Vgl. dazu auch H. Richter, Generelle Vertragsbedingungen als zivilrechtliche Gestaltungs- und Leitungsmittel, ihr Wesen, ihr Anwendungsbereich und ihre Ausgestaltung, Dissertation B, Martin-Luther-Universität, Halle 1978 (unveröffentlicht).
15 Es erscheint z. B. einigermaßen willkürlich, wenn die Wasserversorgungsbedingungen – Anordnung über die allgemeinen Bedingungen für den Anschluß von Grundstücken an die öffentliche Was-

serversorgungsanlagen und für die Lieferung und Abnahme von Trink- und Betriebswasser vom 26. 1. 1978, GBl. I, Nr. 6, S. 89 - sowohl für Bürger als auch für Betriebe gelten (ebenso die Kfz-Instandhaltungsbedingungen - Anordnung über die allgemeinen Leistungsbedingungen für Instandhaltungsbedingungen an Kraftfahrzeuge vom 5. 12. 1978, GBl. I, Nr. 3, S. 29) - und die Energielieferungsbedingungen hingegen eine getrennte Regelung für Bürger und Betriebe erfahren haben. (Vgl. AO über die Lieferung von Elektroenergie, Gas und Wärmeenergie an die Bevölkerung - ELB - vom 18. 11. 1976, GBl. I, Nr. 51, S. 571 in der Fassung der AO Nr. 2 vom 2. 6. 1980, GBl. I, Nr. 18, S. 172 sowie AO über die Lieferung von Elektroenergie, Gas und Wärmeenergie an die Wirtschaft - ELW - vom 18. 11. 1982, GBl. I, Nr. 41, S. 639).

16 Vgl. J. Fischer/R. Svensson, Empirische Daten und strukturtheoretische Überlegungen zur Beziehung zwischen Grundsatzregelung und Nachfolgeregelung, dargestellt am Beispiel zivilrechtlicher Regelungen, in: Materialien des V. Berliner Rechtstheoretischen Symposiums, Akademie der Wissenschaften der DDR, Berlin 1983.

17 Vgl. Gesetzblatt Sonderdruck Nr. 1056.

Gotthold Bley

Einige Ergebnisse und Erfahrungen der Forschungsarbeit zum Thema „Vorbeugung zivilrechtlicher Vertragsverletzungen"

1. Was hat uns bewogen, im Rahmen der zivilrechtlichen Forschung zur Wirksamkeit des Zivilgesetzbuches (ZGB)[1] Probleme der Vorbeugung von Vertragsverletzungen und damit verbunden Fragen des Inhalts und der Ursachen von Vertragsverletzungen aufzugreifen und zu untersuchen?

Die Wirksamkeit des sozialistischen Zivilrechts hängt auch davon ab, inwieweit die Wohnungsmiet-, Kauf- und Dienstleistungsverträge störungsfrei realisiert, auftretende Konflikte überwunden werden und vertraglichen Störungen vorgebeugt wird. Fragen der Wohnungsmiete, des Kaufes und der Dienstleistungen berühren grundlegende Interessen und Bedürfnisse der Bürger. Mit der Gestaltung und Lösung dieser Verträge werden zugleich wichtige Bedingungen für ein schöpferisches und produktives Handeln der Werktätigen im Produktionsprozeß geschaffen. Es handelt sich somit – wie bei der sozialistischen Gesetzlichkeit insgesamt – um einen wichtigen Faktor für die Leistungssteigerung unserer Volkswirtschaft; es werden dann die größten Erfolge erzielt, wenn jeder seine Verantwortung in vollem Umfange, mit hoher Disziplin und schöpferisch wahrnimmt. Die effektive Gestaltung dieser Beziehungen, die bei ihrer Verwirklichung auftretenden Störungen in ihrer realen Existenz und sozialen Natur sowie die Ursachen und Bedingungen ihrer Entstehung zu untersuchen und auf dieser Grundlage Schlußfolgerungen für ihre Überwindung und Vorbeugung zu ziehen, ist ohne Zweifel eine weit über das Zivilrecht hinausgehende Aufgabe. Dies ist für die weitere Ausgestaltung und Vervollkommnung der Vorbeugungsarbeit in den zivilrechtlich geregelten Versorgungsbeziehungen um so wichtiger, als in der Vergangenheit in der Forschungsaufgabe „Bekämpfung und Vorbeugung von Straftaten und anderen Rechtsverletzungen" zwar auch Zivilrechtsverletzungen einbezogen waren, im Detail aber meist Aussagen und Feststellungen zu Straftaten getroffen wurden.

Wir ließen uns in der Forschungsarbeit von folgenden Prämissen bzw. Hypothesen leiten:

1. Die Wohnungsmiet-, Kauf- und Dienstleistungsverträge sind das Ergebnis eigenverantwortlichen Handelns der Vertragspartner, das die grundlegenden Anforderungen an sie für die störungsfreie Gestaltung der Vertragsbeziehungen und damit für die Vorbeugung von Vertragsverletzungen bestimmt.

2. Grundlage für die Rechtsstellung der Vertragspartner sowie ihres Verhältnisses zueinander ist ihre Verantwortung, die sie bei der Gestaltung der Versorgungsbeziehungen zu tragen haben.

3. Die Pflichtverletzung und die ihr zugrunde liegenden Ursachen geben Aufschluß über den sozialen Charakter der Vertragsverletzungen und damit über die gesellschaftliche Notwendigkeit und die Möglichkeit einer zielgerichteten Vorbeugung.

4. Für die Ursachenforschung und die Organisierung einer wirksamen Vorbeugung von zivilrechtlichen Vertragsverletzungen ist die Feststellung und Bewertung der objektiven und auch subjektiven Seite der rechtsverletzenden Handlung bedeutsam.

5. Wirksame Maßnahmen der Vorbeugung erfordern, die Ursachen der zivilrechtlichen Pflichtverletzungen auch in dem Bereich festzustellen, der dem Zivilrecht vorgelagert ist, um die Möglichkeiten und Grundrichtungen der Zivilrechtskonfliktvorbeugung präziser bestimmen zu können.

Das Anliegen der Forschungsarbeit bestand darin,

- mit Hilfe von Analysen in die gesellschaftliche Wirklichkeit wichtiger Bereiche des Zivilrechts einzudringen und nicht bei Fragen der Rechtsanwendung stehenzubleiben, d. h., in die gesellschaftliche Wirklichkeit eindringen konnte nicht nur bedeuten, die gerichtliche Tätigkeit zu untersuchen,
- die Arten dieser Rechtsverletzungen, ihre sozialen Auswirkungen zu bestimmen und damit verbunden, die Fragen nach den Ursachen, insbesondere in welchen Bereichen sie angesiedelt sind, zu beantworten,
- daraus bestimmte Schlußfolgerungen für den effektiven Einsatz des Rechts, insbesondere des Zivilrechts und seiner Verflechtung mit anderen Rechtszweigen, abzuleiten,
- die Subjekte der Vorbeugung, ihre Verantwortung und die Maßnahmen der Vorbeugung näher zu bestimmen.

Das erforderte, genaue Überlegungen über effektive Methoden und Formen unserer Forschungsarbeit anzustellen. Ausgehend von den zu untersuchenden gesellschaftlichen Verhältnissen und der Zielstellung unserer Arbeit, wurden vor allem die Untersuchungsfelder exakt bestimmt und abgegrenzt. Dabei waren wir uns von vornherein darüber im klaren, daß allein Untersuchungen auf dem Gebiet der Rechtsprechung nicht ausreichen können. Wir gingen deshalb dazu über, auf der Grundlage abgestimmter Fragebögen Untersuchungen auch in Betrieben und in den örtlichen Staatsorganen durchzuführen. Dabei war ein Schwerpunkt die Auswertung von Eingabenanalysen der örtlichen Staatsorgane über Störungen in den Versorgungsbeziehungen.

2. Zu welchen inhaltlichen Fragen konnten Ergebnisse erzielt werden? Die bisherige Forschungsarbeit auf diesem Gebiet verdeutlicht die außerordentliche Differenziertheit der Rechtsverletzungen. Sie kommt nicht nur in der tatbestandsmäßigen Ausgestaltung, sondern vor allem auch in den differenzierten Ursachen und Bedingungen, in ihren sozialen Auswirkungen usw. zum Ausdruck. Diese Feststellung gilt nicht nur in bezug auf die Differenziertheit zwischen Strafrechts-, Arbeitsrechts-, Zivilrechtsverletzungen usw., sondern ist insbesondere auch für die Determiniertheit der Rechtsverletzungen innerhalb eines Rechtszweiges wesentlich. So existieren in dem vom Zivilrecht geregelten gesellschaftlichen. Bereich nicht nur Unterschiede zwischen Vertragsverletzungen und Rehtsverletzungen außerhalb von Verträgen, sondern selbst innerhalb der Vertragsverletzungen (z. B. Kauf- und Mietrechtsverletzungen). Sogar innerhalb der Rechtsverletzungen eines Vertragstyps (z. B. Miete) sind erhebliche Unterschiede zu verzeichnen. Es konnten Aussagen zu solchen rechtlichen Kategorien und Begriffen wie Rechtspflicht und Rechtswidrigkeit getroffen werden. Um die Ursachen der Rechtsverletzungen aufzudecken, ist es auch erforderlich, und zwar über tatbestandmäßige Voraussetzungen hinaus, zu Fragen des Inhalts der Vertragsverletzungen und ihren Ursachen vorzudringen. Die Ziel- und Aufgabenstellung sowie die Art und Weise der Vorbeugungsarbeit hängen wesentlich davon ab, in welchen Bereichen die Ursachen angesiedelt, ob Vertragsverletzungen auf schlechte Organisation der Leitungstätigkeit (z. B. unmittelbare

und unzweckmäßige Abgrenzung der Verantwortungsbereiche), mangelnde Arbeitsdisziplin infolge nicht konsequenter Anwendung der arbeitsrechtlichen Verantwortlichkeit, mangelnde Warenkontrolle usw. zurückzuführen sind. Es ist wichtig zu wissen, ob es sich z. B. auf dem Gebiet der Wohnungsmiete um die Verletzung der Instandsetzungspflicht des Vermieters oder die Verletzung der Mietzahlungspflicht, auf dem Gebiet des Kaufes um die Verletzung der Qualitätsleistungspflicht des Verkäufers oder die Pflicht zur termingerechten Anlieferung handelt.

Rechtswidriges Verhalten der Bürger ist vielfach dadurch charakterisiert, daß sie ihre Vertragspflicht schuldhaft verletzen. Insbesondere die durch Bürger begangenen Zahlungspflichtverletzungen beruhen zu einem großen Teil auf individualistischen Anschauungen und Verhaltensweisen.

Anders sind die rechtswidrigen Handlungen der Betriebe zu werten. Das Handeln des Betriebes manifestiert sich als das Gesamtverhalten des Kollektivs. Für die Ursachen von zivilrechtlichen Vertragsverletzungen durch Betriebe sind vor allem zwei Determinationskomplexe maßgebend. die das Pflichtverhalten des Betriebes bestimmen: 1. Das Gesamtniveau des Betriebes, einschließlich des wissenschaftlich-technischen Niveaus bei der Herstellung, Verarbeitung, Lagerung und Nutzung von Erzeugnissen sowie die leitungsmäßige Beherrschung dieser Prozesse; 2. das Zusammenwirken mit vor- und nachgelagerten Gliedern der Kooperationskette sowie das Verhältnis dieser Partner bei der Erfüllung ihrer vertraglichen Pflichten.

Die subjektive Seite findet bei rechtswidrigen Handlungen von Bürgern in vorsätzlich oder fahrlässigen Handlungsweisen oder bei Betrieben in der Nichtausnutzung aller durch die sozialistischen Produktionsverhältnisse im Kollektiv gegebenen Möglichkeiten zu vertragsgerechtem Verhalten ihren Ausdruck. Wenngleich auch zur Gewährleistung des Leistungsprinzips die zivilrechtlichen Verantwortlichkeitstatbestände für die Vertragsverletzungen von der real existierenden subjektiven, willensmäßigen Seite abstrahieren und die entstandenen Sanktionen (mit Ausnahme des Schadensersatzes) ohne Rücksicht auf Vorliegen des Verschuldens eintritt, scheint es aber zur richtigen sozialen Bewertung der Vertragsverletzungen und um Ergebnisse für die Oganisierung der Vorbeugungsarbeit zu gewinnen, zweckmäßig, die rechtswidrige Handlung in ihrer Gesamtheit aufzudecken und zu werten.

Die bisherigen Forschungsarbeiten führten zu zwei weiteren Schlußfolgerungen: *Erstens,* wirksame Maßnahmen der Vorbeugung in den zivilrechtlich geregelten Beziehungen erfordern, bis zu den vorgelagerten Beziehungen vorzudringen. Nur so ist es möglich, den Inhalt dieser Konflikte und ihre Ursachen sowie die Möglichkeiten und Hauptrichtungen der Konfliktvorbeugung und -lösung bis hin zum koordinierten Zusammenwirken von Verantwortlichkeitsregelungen der verschiedenen Rechtszweige präziser zu bestimmen. *Zweitens* haben die Untersuchungen verdeutlicht, daß das Zivilrecht mit noch größerer Effektivität für die Vorbeugung von Rechtsverletzungen eingesetzt werden kann. Dabei gewinnen die Grundsätze des sozialistischen Zivilrechts[2] weiter an Bedeutung. Was heißt das? Diese Grundsätze sind nicht nur verbindliche Orientierungen und haben auch nicht nur Bedeutung für die Rechtsanwendung, sondern auch für die Vorbeugung von Rechtsverletzungen. Daraus ergeben sich vor allem folgende Anforderungen an die am Vertragsverhältnis mittelbar oder unmittelbar Beteiligten: Die Leitungstätigkeit in den Versorgungsbetrieben zu verbessern und auf die Erhöhung der Verantwortung der Mitarbeiter der Versorgungsbetriebe bei der Erfüllung ihrer Arbeitspflicht hinzuwirken. Die Betriebe des Einzelhandels müssen stärker ihrer allgemeinen Rechtspflicht nachkommen, im Rahmen ihrer Handelstätigkeit zur Bedarfsermittlung beitragen und ihre Beziehungen zu den Großhandels- und Herstellerbetrieben so gestalten, daß die Bevölkerung auf der Grundlage des Planes kontinuierlich und dem Bedarf entsprechend mit qualitätsgerechten Konsumgütern versorgt wird. Es ist kein Einzelfall, daß die Rechte der Bürger aus Kauf-, Dienstleistungs-, Wohnungsmiet- und ähnlichen zivilrechtlichen Verträgen durch die Betriebe nur deshalb nicht ordnungsgemäß erfüllt werden, weil die Kooperationsbeziehungen zwischen Hersteller, Großhandel und Einzelhandel leitungsmäßig nicht voll beherrscht werden. Die sich aus der Komplexität dieser gesellschaftlichen Verhältnisse ergebende Notwendigkeit des Zusammenwirkens von arbeitsrechtlichen, wirtschaftsrechtlichen und zivilrechtlichen Regelungen wird nicht immer in der Rechtsanwendung erkannt. Einzelne Leiter und Mitarbeiter der Versorgungsbetriebe verletzen auch ihre Aufgaben und Pflichten bei der Gestaltung und Verwirklichung zivilrechtlicher Verträge – insbesondere die Pflicht zur Zusammenarbeit gemäß § 12 ff. ZGB –, indem sie bestimmte, ihnen obliegende Pflichten einfach auf den Bürger „übertragen".

Die Verwirklichung zivilrechtlicher Pflichten (z. B. die allgemeine Versorgungspflicht der Einzelhandelsbetriebe, die Instandhaltungspflicht der VEB Gebäudewirtschaft usw.) hängt im entscheidenden Maße davon ab, mit welcher Konsequenz die örtlichen Organe der Staatsmacht – entsprechend ihrer Verantwortung aus dem Gesetz über die örtlichen Volksvertretungen und ihre Organe[3], dem Zivilgesetzbuch und anderen Rechtsvorschriften – tätig werden. Den Ratsbereichen der örtlichen Staatsorgane Wohnungspolitik, Handel und Versorgung sowie örtliche Versorgungswirtschaft und den ihnen zugeordneten Betrieben erwächst daraus eine besondere Verantwortung. Sie haben durch ihre Tätigkeit und Entscheidungen wesentliche Voraussetzungen für eine störungsfreie Gestaltung zivilrechtlicher Verträge zu schaffen. Dieser Aspekt ist in der Leitungstätigkeit zu beachten, woraus sich auch Anforderungen an die Qualifizierung der Mitarbeiter ergeben.

Die Wirksamkeit des Zivilgesetzbuches wird immer stärker auch davon bestimmt, wie die Bürger ihr demokratisches Recht auf Mitgestaltung bei der Erhaltung, dem Um- und Ausbau und der Modernisierung von Wohnraum, bei der Verbesserung der Handelstätigkeit, der Versorgung der Bürger mit Konsumgütern und Dienstleistungen sowie bei der Gestaltung des gesellschaftlichen Lebens im Wohngebiet wahrnehmen. Die aktive Mitwirkung der Bürger – wie dies vor allem die Mietergemeinschaften verdeutlicht – erweist sich mehr und mehr als eine wichtige ökonomische Potenz. Hier gibt es noch beachtliche Reserven, die auch durch die Normen des Zivilgesetzbuches zu stimulieren und zu erschließen sind. Im Prozeß der Verwirklichung des Zivilgesetzbuches geht es dabei vor allem darum, die Mitwirkungsformen sehr eng mit den Wohn-, Kauf- und Dienstleistungsbeziehungen zu verbinden.

Bei den Bürgern ist das Verantwortungsbewußtsein beim Abschluß und bei der Erfüllung der Verträge zu erhöhen. Es ist zu gewährleisten, daß die Bürger ihre Rechte auf der Grundlage des Gesetzes ausüben, aber insbesondere auch ihre gesetzlichen Pflichten diszipliniert erfüllen. Das erfordert nicht nur die Kenntnis von Rechtsnormen, sondern es muß auch dem Rechnung getragen werden, daß Rechtsnormenkenntnisse erst dann das Richtige bewirken, wenn die mit ihnen verbundenen ideologischen Positionen bezogen werden. In den Beziehungen zwischen den Bürgern ist die Wahrung der Grundsätze der Moral und Sittlichkeit, ist eine hohe Autorität des Gesetzes zu fordern. Bei aufgetretenen Rechtsverletzungen ist durch die konsequente Anwendung der zivilrechtlichen Verantwortlichkeit (u. U. bis hin zu ihrer zwangsweisen Realisierung) zu sichern, daß die verletzten Rechte wiederhergestellt werden und auf den Rechtsverletzer erzieherisch eingewirkt wird.

Daraus leitet sich für die Vorbereitung und inhaltliche Gestaltung der Verträge das

Erfordernis ab, die Rechte und Pflichten der Partner in den Verträgen so festzulegen, daß eine gründliche Kontrolle über die Erfüllung der Verpflichtungen durch die Vertragspartner möglich wird. Die Realisierung dieser Anforderungen durch die Vertragspartner erhöht die Wirksamkeit des Vertrages und unterbindet Ursachen von möglichen Vertragsverletzungen. Das hilft zugleich, die sozialistischen Verhaltensweisen und Beziehungen der Bürger zu entwickeln sowie die Realisierung ihrer Rechte und Pflichten zu gewährleisten.

Damit sind gleichzeitig wichtige Seiten der sozialistischen Gesetzlichkeit unter dem Aspekt der Vorbeugung angesprochen, was zugleich die Einheit von Vorbeugung und Lösung von Vertragsverletzungen verdeutlicht.

Die Vorbeugung von Zivilrechtsverletzungen erweist sich als ein Komplex von staatlichen und gesellschaftlichen Maßnahmen und Mitteln, die auf die Feststellung, Beseitigung, Einschränkung oder Verdrängung der Ursachen gerichtet sind. Das Ziel der Vorbeugungsarbeit in den vom Zivilrecht geregelten Versorgungsbeziehungen besteht vor allem darin, die Verantwortung für die planmäßige Versorgung der Bevölkerung und die weitere Entwicklung des Rechtsbewußtseins der Bürger entsprechend den gesellschaftlichen Erfordernissen vorbildlich wahrzunehmen, die bei den Betrieben und Bürgern bestehenden Schwierigkeiten und Konflikte zu beseitigen, sozialistische Verhaltensweisen in den Betriebskollektiven und bei den Bürgern herauszubilden und zu entwickeln. Objektive und subjektive Voraussetzungen, die zu Störungen in den Zivilrechtsverhältnissen führen können, zu beseitigen.

Die Untersuchungen haben auch verdeutlicht, daß sich die Vorbeugung von zivilrechtlichen Vertragsverletzungen auf verschiedenen Ebenen vollzieht. Aus der Sicht des gegenwärtigen Standes der Forschung zeichnen sich drei Ebenen der Vorbeugung ab: Die erste und höchste Ebene ist die Durchführung allgemeiner gesellschaftlicher Maßnahmen. Sie beziehen sich auf alle Bereiche des gesellschaftlichen Lebens. Der Gesetzgebung kommt dabei eine bedeutende Rolle zu. Die zweite und mittlere Ebene erfaßt differenzierte Maßnahmen in den Bezirken, Kreisen, Städten, Kombinaten und einzelnen Betrieben. Sie ist insbesondere auf die Beseitigung konkreter objektiver und subjektiver Mängel in der Tätigkeit der verschiedenen Organe, Organisationen, Kombinate und Betriebe sowie auf die konsequente Anwendung rechtlicher Mittel zur Einwirkung auf begangene Rechtsverletzungen gerichtet. Die konfliktvorbeugende Arbeit auf dieser Ebene ist eng mit Problemen der Planung in den Territorien und Betrieben verbunden. Dazu gehören Maßnahmen, die eine hohe Qualität der für die Versorgung der Bevölkerung bestimmten Erzeugnisse und Leistungen gewährleisten, z. B. der sozialistische Wettbewerb in den Betrieben, der Kampf um hohe Qualität und gegen Ausschuß, Nachbesserung und andere vermeidbare Garantieleistungen. Die dritte Ebene ist die individuelle Vorbeugungsarbeit, die unmittelbare Einwirkung auf den Rechtsverletzer, deren Maßnahmen gegen Bürger und Betriebe unterschiedlich sein können.

Aussagen konnten auch getroffen werden zu den Subjekten der Vorbeugung, ihrer Verantwortung und zur Ausgestaltung der einzelnen Vorbeugungsmaßnahmen. Es liegen Aussagen vor über die Verantwortung der Vertragspartner, der Kombinate und Betriebe bis hin zu den örtlichen Staatsorganen und Gerichten. Besondere Aufmerksamkeit ist den verschiedenen demokratischen Mitwirkungsformen zu widmen. Das wurde deutlich an der Arbeit der Mietergemeinschaften.

Den Kombinaten und den Betrieben der Industrie sowie des Bauwesens, des Handels und des Dienstleistungswesens obliegt als den materiellen Träger des gesellschaftlichen Versorgungsprozesses eine besondere Verantwortung für die Vorbeugung der zivilrechtlichen Vertragsverletzungen, da sie auf der Grundlage der von den zentralen und örtlichen staats- und wirtschaftsleitenden Organen getroffenen Entscheidungen über die Möglichkeiten zur Beseitigung bzw. Zurückdrängung der festgestellten Konfliktursachen verfügen.

In den Bezirken, Kreisen, Städten und Gemeinden sorgen die örtlichen Volksvertretungen und ihre Räte für die Einhaltung der Gesetzlichkeit (vgl. § 2 Abs. 6 GöV).[4] Sie haben Maßnahmen zur Verhütung von Zivilrechtsverletzungen, insbesondere zur Beseitigung ihrer Ursachen und Bedingungen, zu gewährleisten (vgl. § 34 Abs. 1, § 48 Abs. 1 und § 68 Abs. 1 und 2 GöV).[5] Diese gesellschaftliche und rechtliche Verantwortung können die örtlichen Volksvertretungen und ihre Räte nur im engen Zusammenhang mit allen dafür Verantwortung tragenden Organen, Organisationen und Betrieben erfüllen, wobei jedes Organ, jede Organisation und jeder Betrieb im Rahmen seiner Kompetenz zu handeln hat. Die effektive Lösung der gesamtgesellschaftlichen Aufgabe, die sozialistische Gesetzlichkeit zu festigen und Rechtsverletzungen vorzubeugen, bestimmt Notwendigkeit und Ziel der Zusammenarbeit, die das einheitliche Wirken der arbeitsteilig arbeitenden Organe, Organisationen und Betriebe in den Territorien sichert. Die Notwendigkeit des Zusammenwirkens aller für die Einhaltung der Gesetzlichkeit Verantwortung tragenden Organe, Betriebe, Organisationen und Einrichtungen macht auch die Koordinierung ihrer Maßnahmen zur Verhütung von Zivilrechtsverletzungen erforderlich, die selbst eine Form des Zusammenwirkens ist. Die gesetzliche Verantwortung der örtlichen Organe der Staatsmacht, für die stabile und kontinuierliche Versorgung der Bevölkerung mit Konsumgütern und Dienstleistungen, für den Neubau, die Modernisierung sowie die Erhaltung und Verteilung des Wohnraumes zu sorgen, weist u. E. darauf hin, daß für die Koordinierung dieser, vor allem den Produktions- und Handelsbetrieben sowie den VEB KWV/GW obliegenden Aufgaben nur die örtlichen Organe der Staatsmacht Verantwortung in ihrem Territorium tragen können.

3. Zu einigen Konsequenzen für die weitere Forschungsarbeit:

Erstens ist die verstärkte Wirksamkeitsanalyse notwendig, die Erhöhung ihrer Aussagekraft für die reale gesellschaftliche Wirklichkeit und, damit verbunden, die Bestimmung des Instrumentariums, die jeweils anzuwendenden Methoden und Formen der Forschung.

Zweitens bietet sich auf diesem Gebiet der Forschung eine noch wirksamere Gemeinschaftsarbeit an. Die bisherigen Forschungsergebnisse zeigen, daß die Zusammenarbeit mit Vertretern anderer Rechtsdisziplinen, insbesondere des Wirtschafts-, Verwaltungs- und Arbeitsrechts mit anderen Wissenschaftsdisziplinen und vor allem mit der Praxis weiter vertieft werden muß.

Drittens liegen Aussagen über Ursachen der Vertragsverletzungen vor, wodurch Arten und Inhalt der Vertragsverletzungen näher bestimmt werden können, kommt es entscheidend darauf an, Fragen der Organisierung der Vorbeugungsarbeit und des Einsatzes der verschiedenen Maßnahmen weiter zu präzisieren und vor allem effektive Formen des Zusammenwirkens z. B. von örtlichen Staatsorganen, Betrieben und Gerichten herauszuarbeiten.

Viertens schließlich benötigen wir für die Erhöhung der Wirksamkeit des Zivilgesetzbuches Aussagen und Erkenntnisse über den Inhalt von Verletzungen allgemeiner Verhaltenspflichten, d. h. von Zivilrechtsverletzungen außerhalb der Verträge. Das bezieht sich vor allem auf die Bereiche Schutz des sozialistischen Eigentums, des Lebens und der Gesundheit der Bürger. Aus solchen wissenschaftlichen Ergebnissen könnten durchaus eine Reihe theoretischer Probleme und Erkenntnisse zur weiteren Bereicherung der Zivilrechtstheorie abgeleitet werden.

Anmerkungen

1 Zivilgesetzbuch der DDR vom 19. 6. 1975, GBl. I, Nr. 27, S. 465.
2 Vgl. ebenda, §§ 1 ff.
3 Vgl. Gesetz über die örtlichen Volksvertretungen und ihre Organe in der DDR vom 12. 7. 1973 (GöV), GBl. I, Nr. 32, S. 313.
4 Vgl. ebenda.
5 Vgl. ebenda.

Manfred Mühlmann

Die Rolle der allgemeinen Pflichten für ein gesellschaftlich wirksames Zivilrecht

Eine die Wirksamkeit des Zivilrechts ermittelnde und fördernde Forschung hat auch sein rechtliches Vor- und Umfeld in die Untersuchungen einzubeziehen und eine Optimierung des Wechselverhältnisses zu anderen Rechtszweigen anzustreben. Sie hat hierbei die verbindlichen rechtlichen Elemente zu finden, die den rechtlichen Gesamtmechanismus effektiv zur Wirkung bringen, um die sozialen Ziele zu erreichen.

Im Hinblick auf die Rolle des sozialistischen Rechts bei der Gestaltung von Versorgungs- und Betreuungsbeziehungen, die als Miet-, Kauf-, Dienstleistungsbeziehungen u. a. zivilrechtlich geregelt sind, wird dieses integrierende rechtliche Element vor allem in der Existenz allgemeiner, den Versorgungs- und Betreuungsprozeß betreffender Pflichten gesehen. Sie obliegen den staatlichen Organen, Betrieben und Einrichtungen, die unmittelbar an diesen Beziehungen beteiligt sind, aber auch jenen, die in anderen Rechtsbeziehungen Voraussetzungen für die Leistungen und ihre räumlich-zeitliche Verfügbarkeit schaffen. Diese allgemeinen Pflichten sind auf den jeweils spezifischen Beitrag zur Erreichung eines einheitlichen Ziels gerichtet, nämlich in Verwirklichung der ökonomischen Strategie der Partei der Arbeiterklasse zu sichern, daß unter rationellem Einsatz der materiellen Fonds und des gesellschaftlichen Arbeitsvermögens die materiellen und kulturellen Bedürfnisse im Interesse der Persönlichkeitsentwicklung bestmöglich befriedigt werden. Ihr allgemeiner Charakter besteht darin, daß sie gegenüber der gesamten sozialistischen Gesellschaft bestehen, repräsentiert durch jeweils zuständige staatliche Organe.

Diese Pflichten wirken als eine Art integrierendes Band zwischen den Rechtszweigen. Im Zivilgesetzbuch (ZGB)[1] kommt diese so bestehende Verbindung in zahlreichen Bestimmungen zum Ausdruck: So heißt es zum Beispiel im § 133 Abs. 1 ZGB: „Die Betriebe der Produktion und des Handels sowie die wirtschaftsleitenden Organe sind verpflichtet, in Verwirklichung der staatlichen Versorgungspolitik planmäßig Konsumgüter bereitzustellen, die dem Bedarf der Bevölkerung entsprechen." Pflichten dieser allgemeinen Art werden aber auch in wirtschaftsrechtlichen Regelungen und in den für die Tätigkeit örtlicher Staatsorgane geltenden Rechtsvorschriften fixiert und konkretisiert. Was mitunter als Wiederholung oder Überschneidung erscheint oder so empfunden wird, ist substantiell die gesetzgeberische Betonung der allgemeinen, weit über die zivilrechtliche Verpflichtung des Vertragspartners hinausgehenden Verantwortung. Diese Verantwortung kommt zugunsten der Bürger in Ansprüchen zum Ausdruck. So zum Beispiel in Garantieansprüchen gegen den Hersteller, der selbst nicht Kaufvertragspartner des Kunden ist, im Regelfall aber in Beziehungen, an denen er selbst nicht unmittelbar beteiligt ist; so in wirtschaftsrechtlichen Verträgen von Produktions- und Großhandelsbetrieben mit den Betrieben des Einzelhandels, in Planungs- und Bilanzentscheidungen wirtschaftsleitender Organe, in Entscheidungen über die Gestaltung des Handelsnetzes u. ä.

Diese allgemeinen Pflichten obliegen auch dem Betrieb, der zivilrechtlicher Vertragspartner des Bürgers ist. Er erfüllt sie in der Summe von Verträgen und letztlich in jedem einzelnen Vertrag. Diese allgemeinen Pflichten gehen aber nicht in der Summe konkreter Vertragspflichten auf, sie bleiben daneben selbständig bestehen, sie verkörpern gewissermaßen das öffentliche, das gesamtgesellschaftliche Element in den zivilrechtlichen Vertragsbeziehungen. Die Zivilrechtswissenschaft steht vor der Aufgabe, diese Beziehungen von allgemeinen zu den konkreten Vertragspflichten zu erforschen. Es zeigt sich, daß sich aus diesem Beziehungsgefüge Antworten auf Fragestellungen ableiten lassen, die sich unmittelbar aus der Gesellschafts- und Rechtsentwicklung der DDR ergeben.

Ein Entwicklungsproblem des sozialistischen Zivilrechts ist die inhaltlich und methodisch effektive Verbindung der staatlichen Leitung und Planung der Versorgungs- und Betreuungsprozesse mit den zivilrechtlichen Vertragsverhältnissen, über die in individuell bestimmter Weise Leistungen zur Befriedigung materieller und kultureller Bedürfnisse vermittelt werden. Es ist die Ausnahme, daß ein konkretes Zivilrechtsverhältnis direkt auf einer Planungs- oder Bilanzentscheidung beruht. Eine solche Unmittelbarkeit besteht zum Teil bei arbeitsaufwendigen oder materialintensiven Versorgungsleistungen und wirkt sich zum Beispiel bei Bauleistungs- und Wohnungsmietverträgen aus.

Der generelle rechtliche Anknüpfungspunkt der staatlichen Leitungs- und Planungsentscheidungen ist die allgemeine Versorgungspflicht der Betriebe und Einrichtungen, die durch das Leistungsprofil und vielfach auch durch eine territorial bestimmte Verantwortung (z. B. für einen Versorgungsbereich) inhaltlich spezifisch ausgefüllt ist. Die allgemeine Versorgungspflicht wird hierdurch zu einer konkret abrechenbaren staatlichen Aufgabenstellung, die in einer Vielzahl von Zivilrechtsverhältnissen erfüllt wird. Es entsteht eine untrennbare Doppelverantwortung, die gesamtgesellschaftliche und die gegenüber dem Vertragspartner, der sich in der Einheit von Staatsbürger und Anspruchsberechtigter auf beide berufen kann. In den Presseorganen werden oft Leserzuschriften mit lobenden oder kritischen Bemerkungen zu Versorgungsleistungen von Betrieben veröffentlicht. Unabhängig davon, ob der Einsender eine Veränderung in eigener Angelegenheit anstrebt, zielt doch eine solche Veröffentlichung auf das Allgemeininteresse an der Tätigkeit von Betrieben bei der Erfüllung ihrer allgemeinen Pflichten durch vertragsgerechtes Verhalten. Diese Doppelverantwortung könnte meines Erachtens auch eine theoretischer Ansatzpunkt für die Klärung des Verhältnisses von Eingabe und Klage bei der Durchsetzung zivilrechtlicher Ansprüche sein.

Über die allgemeinen Pflichten werden vor allem die Realbedingungen für die Gestaltung zivilrechtlicher Versorgungs- und Betreuungsbeziehungen in die zivilrechtliche Betrachtungsweise einbezogen. Fristen für die Annahme und Durchführung von Reparaturen sind doch nicht nur unter dem Gesichtspunkt bedeutsam, ob sie als vorvertragliche oder vertragliche Anmelde- und Ausführungsfristen auch eingehalten werden, sondern oft vordringlicher unter dem Aspekt, ob sie zu lang oder im Hinblick auf die zu befriedigenden Bedürfnisse angemessen oder gar optimal sind. In den Wettbewerbsverpflichtungen der Arbeitskollektive im Dienstleistungswesen werden die Verkürzung der Leistungszeit und ihre verläßliche Einhaltung, als Einheit festgelegt, weil nur beides gemeinsam einen höheren Versorgungsgrad gewährleistet. Unter dem Gesichtspunkt der Wirksamkeit des sozialistischen Zivilrechts ist die Verläßlichkeit der Einhaltung vertraglicher Pflichten ein relativ selbständiger sozialer Wert, dessen volle Bedeutung aber erst in Verbindung mit dem Niveau der Vorsorgungsleistung selbst und den dazu erforderlichen gesellschaftlichen Aufwand bestimmt werden kann.

Die demokratische Mitwirkung der Bürger bei der Gestaltung der Arbeits- und Lebensbedingungen, speziell die Mitwirkung an der Tätigkeit von Versorgungsbetrieben, ist eine vom Zivilgesetzbuch besonders betonte und rechtlich geförderte Entwicklung. Sie wirft zwangsläufig die Frage auf, in welcher Weise das sozialistische Zivilrecht diese sich ausprägende Seite im Gegenstand und in den Methoden in sich aufnimmt. Die Forschungen hierzu haben sich vor allem mit der Mitwirkung bei der Gestaltung der Wohnverhältnisse beschäftigt, speziell mit der Tätigkeit von Hausgemeinschaften. Die Fragestellung nach dem Charakter der Pflichten, an deren Erfüllung mitgewirkt wird, macht auch hier darauf aufmerksam, daß es die allgemeinen Pflichten in ihrer spezifischen Beziehung zu den vertraglichen Pflichten sind, auf die sich die Mitwirkung bezieht.

Für die Hausgemeinschaften, bei denen sich die Mitwirkung mit der Gestaltung des Gemeinschaftslebens verbindet, erstreckt sich die Mitwirkung auf einen sehr engen Zusammenhang zwischen der allgemeinen Verantwortung der volkseigenen Gebäudewirtschaftsbetriebe und seinen Pflichten als Mietvertragspartner.

Bei anderen Mitwirkungsformen steht die Bezugnahme auf die allgemeinen Pflichten im Vordergrund, so zum Beispiel bei den Kundenbeiräten volkseigener Einzelhandelsbetriebe. Die Mitwirkung erfolgt nicht in Beziehung zu eigenen Kaufverträgen, sondern sie wird vielmehr verwirklicht, um die Interessen der Bevölkerung, die in einem Einzelhandelsbetrieb einkauft, im Hinblick auf dessen Versorgungsverantwortung wahrzunehmen. Beide Mitwirkungsformen haben auf die Wirksamkeit des sozialistischen Zivilrechts bedeutenden Einfluß. Dabei wirken sich die bestehenden Unterschiede so aus, daß Mitwirkung in enger Bindung an individuelle Zivilrechtsverhältnisse zur Integrierung ins Zivilrecht tendieren und es hinsichtlich des Gegenstandes und der Methoden weiterentwickeln; die auf die allgemeinen Pflichten konzentrierte Mitwirkung jedoch stärker als funktionelle Beziehung zum Zivilrecht und damit als Wechselbeziehung zwischen den Rechtszweigen zu erfassen ist.

Anmerkungen

1 Zivilgesetzbuch der DDR vom 19. 6. 1975, GBl. I, Nr. 27, S. 465.

Helmut Grieger

Theoretische Probleme der Lösung zivilrechtlicher Vertragsverletzungen in den Versorgungsbeziehungen der Bürger

Es ist ein Wesenszug der entwickelten sozialistischen Gesellschaft, daß das Zivilrecht wie das sozialistische Recht insgesamt zunehmend vom freiwilligen, bewußten und rechtkonformen Handeln und Verhalten der an den Zivilrechtsbeziehungen Beteiligten in seiner Verwirklichung bestimmt wird. Dem gewachsenen Rechtsbewußtsein der Bürger entspricht es auch, daß die überwiegend eigenverantwortlich gestalteten vertraglichen Zivilrechtsbeziehungen im wesentlichen gesellschaftsgemäß realisiert werden. Immer besser gelingt es den staatlichen Organen und Betrieben unter gezielter Einbeziehung der Bürger und ihrer Kollektive wirksamere Maßnahmen zu treffen, die gesellschaftlichen Kräfte zu mobilisieren und zu koordinieren, um die besten Voraussetzungen für eine gesellschaftlich wirksame Gestaltung der Versorgungsbeziehungen zu schaffen. Diese Feststellung entbindet die Zivilrechtswissenschaft jedoch nicht von der Verantwortung, zu realistischen Aussagen darüber zu gelangen, welche Erwartungen an die Überschaubarkeit, Verständlichkeit und Handhabbarkeit zivilrechtlicher Normen als Voraussetzung insbesondere für die Kenntnis der Bürger und der Mitarbeiter in Versorgungsbetrieben gestellt werden. Aus der analysierten Eingabenpraxis bei den örtlichen Staatsorganen, der Rechtsauskunftstätigkeit, der Rechtserläuterung und nicht zuletzt aus der Rechtsprechung der Gerichte gibt es genügend Anzeichen dafür, daß die Erwartungen, die an die eigenverantwortlichen Möglichkeiten der Bürger und der Mitarbeiter der Versorgungsbetriebe bei der Anwendung der Normen des Zivilgesetzbuches (ZGB)[1] gesetzt werden, nicht allenthalben erfüllt werden. Es muß deshalb der Erhöhung der gesellschaftlichen Wirksamkeit des Zivilrechts, seiner effektiven Gestaltung und der Vorbeugung zivilrechtlicher Vertragsverletzungen auch künftig Aufmerksamkeit in Wissenschaft und Praxis geschenkt werden. Es gilt, die Erkenntnis in die Tat umzusetzen, daß die Vorbeugung und Lösung von Zivilrechtskonflikten in der sozialistischen Gesellschaft eine wichtige staatliche und gesamtgesellschaftliche Aufgabe ist, und daß das in Zivilrechtsverletzungen zum Ausdruck kommende Verhalten grundlegenden Entwicklungstendenzen der sozialistischen Gesellschaft widerspricht.

Die sozialistische Gesellschaftsordnung verfügt über die gesellschaftlichen Voraussetzungen und sozialen Grundlagen für eine wirksame Vorbeugung von Zivilrechtsverletzungen. Sie nimmt auf vielfältiger Art und Weise mit den ihr eigenen Mitteln und Methoden Einfluß auf die Vorbeugung der zivilrechtlichen Vertragsverletzungen in den Versorgungsbeziehungen der Bürger. In der Vorbeugungsarbeit geht es in erster Linie darum, Störfaktoren in den Vertragsbeziehungen von vornherein zu vermeiden bzw. weitgehend auszuschließen und damit zivilrechtlichen Vertragsverletzungen erfolgreich entgegenzuwirken.[2] Bei eingetretenen Rechtsverletzungen wirkt die Lösung der Konflikte unmittelbar auf den Rechtsverletzer. Sie hat vor allem für die Wiederherstellung der verletzten Rechte Bedeutung und ist darüber hinaus ein wesentlicher Faktor zur allgemeinen Vorbeugung. Die gesamte Vorbeugungsarbeit existiert deshalb in der untrennbaren Einheit von Vorbeugung, Lösung und Überwindung von Zivilrechtsverletzungen. Davon ausgehend müssen sich die Betriebe, Bürger und staatlichen Organe, die für die Vorbeugung Verantwortung tragen, insbesondere solchen Aufgaben zuwenden, deren Erfüllung einerseits den entstandenen Zivilrechtskonflikt lösen hilft und andererseits von allgemein vorbeugender Wirkung ist. Zivilrechtliche Vertragsverletzungen in den Versorgungsbeziehungen der Bürger werden durch eigenverantwortliche Bemühungen der Vertragspartner oder durch rechtsverbindliche Entscheidungen der Gerichte im Ergebnis eines gerichtlichen Verfahrens gelöst.

Das Zivilgesetzbuch ist nicht in erster Linie als ein Instrument zur Überwindung von Rechtskonflikten angelegt. Es orientiert mit seinen Bestimmungen prinzipiell darauf, daß sich die an den Vertragsbeziehungen Beteiligten so verhalten, daß ihr Handeln im Einklang mit den gesellschaftlichen Erfordernissen steht. Das entspricht vollauf dem gesamtgesellschaftlichen Erfordernis auf freiwillige und bewußte Einhaltung des sozialistischen Rechts. Daraus folgt mit notwendiger Konsequenz, daß eigenverantwortliche Aktivität von den Vertragspartnern nicht nur für die Begründung und Gestaltung von Zivilrechtsverhältnissen erwartet wird, sondern auch für die Lösung aufgetretener Konflikte. Dem Verlangen auf Rechtsschutz sollen deshalb, wie es § 16 ZGB bestimmt, eigene Bemühungen der Beteiligten um eine Beilegung des Konflikts vorausgehen. Das bedeutet jedoch nicht, daß dadurch der Schutz der Rechte und Interessen der am Zivilrechtsverhältnis Beteiligten durch staatliche Organe verringert oder gar abgebaut ist. Es ist ein umfassendes Erfordernis sozialistischer Gesetzlichkeit, daß Bürger und Betriebe die Hilfe der Gerichte oder anderer zuständiger staatlicher Organe jederzeit in Anspruch nehmen können, wenn ihre Rechte aus zivilrechtlichen Beziehungen verletzt oder gefährdet werden oder Unklarheiten über Rechtsverhältnisse bestehen.[3]

Scheitern die Bemühungen der am Zivilrechtsverhältnis Beteiligten um eine Lösung des entstandenen Konflikts und will der Vertragspartner, dessen Rechte verletzt oder gefährdet sind, das Gericht in Anspruch nehmen, dann kann er nach dem materiellrechtlichen Bestimmungen des Zivilrechts und den Verfahrensvorschriften der Zivilprozeßordnung (ZPO)[4] Klage erheben oder den Antrag auf Erlaß einer gerichtlichen Zahlungsaufforderung stellen, sofern dafür die gesetzlichen Voraussetzungen vorliegen. Für die Prozeßparteien (Vertragspartner) sind die Entscheidungen der Gerichte nach Eintritt der Rechtskraft rechtsverbindlich.[5] In ihren Verhandlungen, Entscheidungen und allen außerhalb des gerichtlichen Verfahrens eingeleiteten rechtserzieherischen Maßnahmen (z. B. öffentliche Verhandlungs- und Urteilsauswertung, Rechtserläuterung) streben die Gerichte nach einer möglichst umfassenden Lösung des entstandenen Rechtskonflikts und versuchen damit gleichzeitig, neue Konflikte zu vermeiden. Das geschieht auf der Grundlage der für die Entscheidung aufgeklärten rechtserheblichen Tatsachen und der von den Gerichten innerhalb der Grenzen des jeweiligen gerichtlichen Verfahrens festgestellten Ursachen und Bedingungen der Rechtsverletzungen.[6] Soweit in Gesetzen und anderen Rechtsvorschriften nicht die Entscheidungsbefugnis anderer Organe als die der Gerichte begründet wird, ist der Gerichtsweg gemäß § 4 Gerichtsverfassungsgesetz (GVG)[7] für die Verhandlung und Entscheidung über Zivilrechtsverletzungen stets zulässig. Es liegt daher weder im Ermessen der Gerichte oder anderer Organe noch im Ermessen der am Zivilrechtsverhältnis Beteiligten, die Zulässigkeit des Gerichtsweges für die Entscheidung von Zivilrechtskonflikten zu bestimmen.[8] Auch kann nicht die Zulässigkeit des Gerichtsweges für zivilrechtliche Stretigkeiten mit dem Streben nach einer bestimmten Form der Entscheidung (Urteil oder Beschluß des Gerichts) begründet werden.[9]

Die Vertragspartner können zur Lösung ihres Zivilrechtskonflikts auch um Rechtsschutz gemäß § 16 ZGB mit Eingaben bei anderen staatlichen Organen als den Gerichten nachsuchen. Davon machen die Bürger häufig Gebrauch,[10] um auf diesem Wege den Zivilrechtskonflikt mit Unterstützung und Hilfe vor allem der örtlichen Staatsorgane eigenverantwortlich mit ihren Vertragspartner zu lösen.

Das rechtliche Mittel der Eingabe sichert die demokratische Mitwirkung der Bürger an der staatlichen Leitung und Planung. Es ist im Gesetz über die Bearbeitung der Eingaben der Bürger[11] konkret ausgestaltet. Die Zielstellung und der Inhalt der sich auf zivilrechtliche Versorgungsverträge beziehenden Eingaben der Bürger sind differenziert. Die Eingaben an örtliche Staatsorgane lassen nicht immer erkennen, ob sie unmittelbar auf die Klärung eines Zivilrechtskonfliktes gerichtet sind. Der Bürger wendet sich oftmals an das örtliche Staatsorgan, weil es zumeist überhaupt erst die Voraussetzungen schaffen kann, zivilrechtliche Streitigkeiten lösen zu helfen. Dabei müssen vielfach Entscheidungen getroffen werden, die sich auf die dem Zivilrecht vorgelagerten gesellschaftlichen Verhältnisse beziehen. Dazu gehört z. B. der nicht seltene Fall, daß zur Erfüllung der Instandhaltungspflicht eines Vermieters Bilanzentscheidungen durch das örtliche Staatsorgan notwendig werden. Anders verhält es sich, wenn sich die Eingabe an das örtliche Staatsorgan unmittelbar auf ein bestehendes Zivilrechtsverhältnis bezieht.

Das sind insbesondere die Fälle, in denen sich ein Bürger wegen einer vom Versorgungsbetrieb in seiner Eigenschaft als Vertragspartner nicht anerkannten Reklamation aus einem Kauf- oder Dienstleistungsvertrag an das örtliche Staatsorgan wendet. Beiden Möglichkeiten ist gemeinsam, daß der Bürger um Hilfe und Unterstützung nachsucht und das örtliche Staatsorgan entsprechend dem Eingabengesetz tätig zu werden hat. Dabei muß es die Wege und Mittel der Eingabenbearbeitung entsprechend den gesetzlichen Möglichkeiten ausschöpfen. Die Eingabe hat eine für die Zivilrechtskonfliktlösung unterstützende Funktion. Sie hat deshalb stets die Zielrichtung, daß der entstandene Streitfall zwischen den am Zivilrechtsverhältnis Beteiligten eigenverantwortlich gelöst wird. Die Bearbeitung der Eingabe durch das örtliche Staatsorgan führt nicht wie die Rechtsprechung der Gerichte zur direkten Lösung der Zivilrechtskonflikte. Wenden sich Bürger an ihre Vertragspartner, um verletzte Rechte wiederherzustellen und den Konflikt gütlich beizulegen, kann es sich meines Erachtens nicht um Eingaben nach dem Eingabegesetz handeln – auch wenn die Bürger ihre Anliegen fälschlicherweise so bezeichnen –, da dieses Gesetz vom Vertragspartner nicht für die Bearbeitung von Ansprüchen angewendet werden darf, deren Bearbeitung durch besondere Rechtsvorschriften geregelt ist.[12] Für die Bearbeitung geltend gemachter zivilrechtlicher Ansprüche der Bürger durch ihre Vertragspartner sind allein die dafür einschlägigen Bestimmungen des Zivilgesetzbuches oder anderer zivilrechtlicher Vorschriften maßgebend. Es ist daher meines Erachtens gleichgültig, ob der Bürger beim gesetzlichen Garantieverpflichteten gemäß §§ 158, 185 ZGB einen Reklamationsanspruch geltend macht, beim VEB Gebäudewirtschaft/Kommunale Wohnungsverwaltung einen vom Vermieter in der Wohnung des Mieters zu beseitigenden Mangel anzeigt, wozu der Mieter gemäß § 107 Abs. 1 ZGB in Verbindung mit § 101 ZGB verpflichtet ist, oder überhaupt einen zivilrechtlichen Anspruch gegenüber seinem Vertragspartner in der vom Gesetz vorgesehenen Art und Weise geltend macht. Der Vertragspartner des Bürgers befindet über den möglicherweise strittigen zivilrechtlichen Anspruch nicht als Eingabenadressat nach den Bestimmungen des Eingabengesetzes, sondern als Träger subjektiver Rechte und juristischer Pflichten aus dem konkreten Zivilrechtsverhältnis. Er kann den geltend gemachten Anspruch dem Bürger gegenüber anerkennen, teilweise anerkennen oder auch gänzlich ablehnen. In letzterem Fall kommt es nur noch selten zu einer gütlichen Beilegung des Rechtskonflikts.

Wird die Leistung aus dem Zivilrechtsverhältnis vom Vertragspartner des Bürgers ganz oder teilweise aus sachlich-rechtlichen Gründen abgelehnt, dann kann der Bürger den Gerichtsweg wählen oder sich mit einer Eingabe an das übergeordnete Organ seines Vertragspartners oder auch an örtliche Staatsorgane wenden, wenn er der Auffassung ist, daß ihm der geltend gemachte zivilrechtliche Anspruch zusteht. Auch diese Eingabe kann nur das Ziel verfolgen, daß dem Bürger bei Begründetheit seines Anspruchs Unterstützung für eine vielleicht doch noch mögliche eigenverantwortliche Lösung des Zivilrechtskonfliktes gegeben wird.

Bearbeitet jedoch der Vertragspartner den zivilrechtlichen Anspruch des Bürgers nur schleppend oder überhaupt nicht, dann kann er sich wegen dieser unzulänglichen kritikwürdigen Arbeitsweise jederzeit mit einer Eingabe entweder an seinen Vertragspartner oder gleich an das übergeordnete Organ seines Vertragspartners oder auch an örtliche Staatsorgane wenden. Aus vorstehenden Darlegungen können für die Lösung zivilrechtlicher Vertragsverletzungen in den Versorgungsbeziehungen der Bürger zusammenfassend folgende Feststellungen getroffen werden:

1. Die gesetzliche Möglichkeit, den zivilrechtlichen Anspruch auf dem Gerichtsweg zu realisieren, schließt die Eingabe des Bürgers an das übergeordnete Organ seines Vertragspartners oder an das zuständige örtliche Staatsorgan und deren Bearbeitung zwecks Unterstützung und Hilfe für die eigenverantwortliche Lösung des Zivilrechtskonflikts durch die Beteiligten nicht aus.[13] Deshalb vermögen Auffassungen, nach denen Zivilrechtskonflikte nicht Gegenstand von Eingaben und deren Bearbeitung sein dürften, weil darüber rechtsverbindlich nur die Gerichte entscheiden können, nicht zu überzeugen.[14] Mit der Entscheidung über die Eingabe können die örtlichen Staatsorgane oder die den Rechtsverletzern übergeordneten Betriebe bzw. Organe zwar selbst nicht rechtsverbindlich den Rechtskonflikt lösen, sie geben jedoch den unmittelbar am Streitfall Beteiligten die für deren eigenverantwortliche Lösung und damit gütliche Beilegung des Konflikts notwendige Unterstützung und Hilfe.

2. Nach § 1 Abs. 3 Eingabegesetz ist der Geltungsbereich dieses Gesetzes für Rechtsmittel, Neuerervorschläge und andere Anträge eingeschränkt, deren Bearbeitung durch besondere Rechtsvorschriften geregelt ist. Diese Bestimmung regelt die Voraussetzungen, unter denen das Eingabengesetz von den mit der Eingabe angesprochenen Adressaten nicht angewendet werden darf.[15] Daraus folgt, daß aus zivilrechtlicher Sicht nicht als Eingaben bearbeitet werden dürfen: a) eingereichte Klagen und eingelegte Rechtsmittel bei den staatlichen Gerichten sowie bei diesen Gerichten gestellte Anträge, mit denen Verfahren in Gang gesetzt werden; b) gestellte Anträge auf Beratung und Entscheidung von Zivilrechtskonflikten bei den Konflikt- und den Schiedskommissionen; c) geltend gemachte zivilrechtliche Ansprüche beim Vertragspartner, insbesondere Garantieansprüche bei den Garantieverpflichteten und Anzeigen an den Vermieter auf von ihm zu beseitigende Mängel in der Wohnung.[16]

3. Die Entscheidung über die Eingabe ist keine Entscheidung über den zivilrechtlichen Anspruch. Ist dieser noch nicht geltend gemacht und über ihn noch nicht rechtskräftig durch ein Gericht entschieden worden, bleibt der Gerichtsweg stets offen.[16]

Anmerkungen

1 Vgl. Zivilgesetzbuch der DDR vom 19. 6. 1975 – GBl. I Nr. 27, S. 465.

2 Vgl. H. Grieger/W. Lindemann, Vorbeugung von Vertragsverletzungen bei Kauf- und Dienstleistungen, in: Neue Justiz, 8/1984, S. 304–307.

3 Vgl. Zivilgesetzbuch der DDR, a. a. O., § 16.

4 Vgl. Gesetz vom 19. 6. 1975 über das gerichtliche Verfahren in Zivil-, Familien- und Arbeitsrechtssachen – Zivilprozeßordnung – GBl. I, Nr. 29, S. 533.

5 Vgl. ebenda, § 83 Abs. 2.

6 Vgl. ebenda, § 2 Abs. 4.

7 Vgl. Gesetz über die Verfassung der Gerichte der DDR – Gerichtsverfassungsgesetz – vom 24. 9. 1974, GBl. I, Nr. 48, S. 457.

8 Vgl. Autorenkollektiv, Grundlagen der Rechtspflege, Lehrbuch, Berlin 1983, S. 50.

9 Eine andere Auffassung vertritt J. Klinkert. Klinkert verneint die ausschließende Zuständigkeit der Gerichte für die Verhandlung und Entscheidung von Zivilrechtskonflikten. Meines Erachtens handelt es sich hier nicht um die Zuständigkeit der Gerichte, sondern um die Zulässigkeit oder Unzulässigkeit des Gerichtsweges gemäß § 4 GVG. Die Frage nach der sachlichen Zuständigkeit der Gerichte setzt immer die Zulässigkeit des Gerichtsweges voraus. Ist der Gerichtsweg zulässig, dann ist u. a. die sachliche Zuständigkeit zu prüfen. Sie bestimmt, auf welcher Gerichtsebene über welche Arten von Zivilrechtsverletzungen und -streitigkeiten zuerst zu verhandeln und zu entscheiden ist. – Vgl. J. Klinkert, Aufgaben der staatlichen Organe bei der Durchsetzung des sozialistischen Zivilrechts, in: Neue Justiz, 22/1976, S. 673; Grundlagen der Rechtspflege, Lehrbuch, a. a. O., S. 85.

10 Vgl. H. Lieske/R. Nisel, Beitrag der örtlichen Staatsorgane zur Verwirklichung des Zivilrechts durch Eingabenbearbeitung, in: Neue Justiz, 3/1984, S. 98 f.

11 Vgl. Gesetz über die Eingaben der Bürger – Eingabengesetz – vom 19. 6. 1975, GBl. I, 1975, Nr. 26, S. 461.

12 Vgl. ebenda, § 1 Abs. 3.

13 Vgl. Zivilprozeßrecht, Lehrbuch, Berlin 1980, S. 24.

14 Vgl. auch: G. Bley/H. Grieger, Möglichkeiten und Grundrichtungen der Vorbeugung zivilrechtlicher Vertragsverletzungen in den Versorgungsbeziehungen der Bürger, in: Staat und Recht, 7/1983, S. 550.

15 Vgl. Paragraph 1 Abs. 3 Eingabengesetz regelt nicht, wie zuweilen angenommen wird, die „Unzulässigkeit des Eingabenweges“.

16 Vgl. Zivilgesetzbuch der DDR, a. a. O., §§ 158, 185, 107 Abs. 1 in Verbindung § 101.

Hartwig Krüger

Erfahrungen bei der Verwirklichung der gesetzlichen Bestimmungen des Zivilgesetzbuches über die Wohnungsmiete

Grundlage der Forschungsarbeit auf dem Gebiet des Wohnungsmietrechtes ist die historisch bedeutsame Zielstellung der Partei der Arbeiterklasse und des sozialistischen Staates, in der DDR die Wohnungsfrage als soziales Problem bis 1990 zu lösen.[1] Das zur Erreichung dieses Zieles beschlossene Wohnungsbauprogramm wird schrittweise und mit beeindruckenden Ergebnissen erfüllt. Seit 1971 wurden zwei Millionen Wohnungen neu gebaut und modernisiert. Dadurch konnten für 6 Millionen Bürger die Wohnverhältnisse verbessert werden.[2]

Der staatliche und genossenschaftliche Neubau von Wohnungen hat zu einem beträchtlichen Anwachsen des sozialich, chen Wohnungsfonds geführt. Dadurch wurden materiell-technische Bedingungen geschaffen, um das in Artikel 37 der Verfassung[3] statuierte Grundrecht der Bürger auf Wohnraum umfassend zu verwirklichen. Der Neubau von Wohnungen sowie die Erhaltung, Modernisierung und Rekonstruktion des vorhandenen Wohnraumbestandes in den städtischen Altbauwohngebieten ist die entscheidende materielle Basis für das Wirksamwerden der Bestimmungen über die Wohnungsmiete des Zivilgesetzbuches. Entsprechend ihrer aktiven Rolle haben die Rechte und Pflichten dieser gesetzlichen Bestimmungen dazu beizutragen, daß die Wohnbedürfnisse der Mieter und Nutzer bestmöglich befriedigt und die Verwaltung, Bewirtschaftung, Erhaltung sowie Modernisierung des vorhandenen Wohnraumbestandes effektiv durchgeführt werden. Sie bestimmen die Anforderungen und Maßstäbe für die wirtschaftliche Tätigkeit der volkseigenen Betriebe der Gebäude- und Wohnungswirtschaft (VEB GW/KWV), der Wohnungsbaugenossenschaften, der Betriebe mit Werkwohnungen sowie der privaten Vermieter.

Die im Fünfjahrplanzeitraum 1981–1985 durchzuführende zivilrechtliche Forschungsarbeit konzentrierte sich auf dem Gebiet des Wohnungsmietrechtes darauf, seinen Beitrag bei der Gestaltung sozialistischer Wohnverhältnisse zu ermitteln. Dabei wurden die Untersuchungen schwerpunktmäßig in den VEB GW/KWV durchgeführt.

1. Staatlicher Versorgungsauftrag und Mietsrechtsverwirklichung

Das Hauptkettenglied bei der Verwirklichung des Wohnungsmietrechtes sind die Vermieterbetriebe, deren Versorgungsauftrag durch § 95 Abs. 1 ZGB[4] in verbindlicher Weise festgelegt wird. Sie haben unter rationellstem Einsatz ihrer materiellen und finanziellen Fonds sowie ihres Arbeitsvermögens in der Rechtsform des Vertrages die Wohnbedürfnisse der Mieter bzw. Nutzer bestmöglich zu befriedigen. Untersuchungen haben ergeben, daß die VEB GW/KWV Anstrengungen unternehmen, um Bedingungen dafür zu schaffen, daß die Mieter ihre aus § 97 Abs. 2 ZGB[5] erwachsende Verantwortung wahrnehmen können. Für die Entfaltung der kollektiven und individuellen Mieterinitiativen haben sie unter Beachtung territorialer Erfordernisse durch die Errichtung von

Reapaturstützpunkten und „Mach-mit“!-Zentren, zu denen Selbsthilfewerkstätten, Materialstützpunkte, Geräteausleihstationen sowie Schulungs- und Beratungszentren gehören, die materiell-technischen Voraussetzungen geschaffen. Ende 1983 existierten in der DDR 3 692 Reparaturstützpunkte. Dadurch war es möglich, die Eigenleistungen der Mieter und Mietergemeinschaften zu steigern. Mit Leistungen im Umfang von 14,5 Millionen Mark haben Bürger seit 1979 zur Instandsetzung der Wohngebäude beigetragen.[6]

In Wahrnehmung ihrer aus § 95 Abs. 1 ZGB[7] erwachsenden Verantwortung unterstützen die VEB GW/KWV in engem Zusammenwirken mit den Ausschüssen der Nationalen Front die Bildung und Tätigkeit der Mietergemeinschaften. Die Verstärkung der Arbeit mit den Mietergemeinschaften hat nicht nur zur Erhöhung ihrer materiellen Leistungen in der Wohnrauminstandhaltung geführt, sondern zugleich bewirkt, daß die Mieter in steigendem Maße erkennen, daß sie als sozialistische Eigentümer und Nutzer des volkseigenen Wohnungsfonds eine Mitverantwortung für dessen Verhaltung, Pflege und Schutz tragen. Dieses Eigentümerbewußtsein der Mieter wird zunehmend zu einer wichtigen Triebkraft für ihr verantwortungsbewußtes Handeln bei der Gestaltung sozialistischer Wohnverhältnisse.

2. Sozialistische Demokratie und Mietsrechtsverwirklichung

Es bezeichnet die Verwirklichung des Wohnungsmietrechtes, daß sie wesensmäßig mit einer Ausprägung der sozialistischen Demokratie verbunden ist. Bei den Untersuchungen wurde festgestellt, daß sowohl bei der Durchführung von staatlich geplanten Modernisierungs- und Rekonstruktionsmaßnahmen als auch bei der Organisierung und Durchführung der Wohnrauminstandhaltung dort die besten Ergebnisse erzielt werden, wo die Mieter umfassend in diese Vorhaben einbezogen werden.

Bei den staatlich geplanten komplexen Modernisierungen und Rekonstruktionen, die überwiegend in den Zentren der großen und mittleren Städte durchgeführt werden, um wertvolle Bausubstanz zu erhalten, wird die vertrauensvolle Zusammenarbeit zwischen den örtlichen Volksvertretungen und ihren Organen, den Ausschüssen der Nationalen Front, den Vermieterbetrieben, den Hauptauftraggebern, den Hauptauftragnehmern und den Mietern zunehmend zum bestimmenden Moment bei der Vorbereitung und Durchführung dieser Vorhaben.

Besondere Bedeutung hat die Verteidigung der Modernisierungsprojekte durch die Hauptauftragnehmer vor den Hausgemeinschaften, die auf diese Weise das ihnen in § 97 Abs. 1 ZGB[8] eingeräumte Recht auf Mitgestaltung ihrer Wohnverhältnisse wahrnehmen. Wo die Baumaßnahmen gründlich politisch und organisatorisch vorbereitet und die Mieter in die Entscheidungsfindung einbezogen werden, besteht nicht nur ein Verständnis bei ihnen für die mit der Baudurchführung verbundenen zeitweiligen Erschwernisse bei der Wohnungsnutzung, sondern es gelingt, sie auf breiter Basis für eine tätige Mitwirkung zu gewinnen. Bei den Modernisierungs- und Rekonstruktionsvorhaben können beachtliche Reserven erschlossen werden, wenn in die Ablaufpläne die Eigenleistungen der Mieter eingeordnet und ihre Mitwirkung konkret vereinbart wird.

Bauen und Wohnen in einem Wohngrundstück ist regelmäßig mit einer zeitweiligen Einschränkung der Nutzungsrechte der Mieter verbunden. Vermieter und Mieter sollen deshalb vereinbaren, welche Rechte und Pflichten sich für sie aus der zeitweilig beschränkten Nutzung der Wohnung und der Gemeinschaftseinrichtungen ergeben.[9] Untersuchungen zeigen, daß die Inhalte dieser Vereinbarungen überwiegend unvollständig sind. Die durch § 110 Abs. 1 ZGB eröffnete Möglichkeit, durch zu vereinbarende Rechte und Pflichten die Durchführung dieser Baumaßnahmen unter Wahrung der Belange der Mieter zu unterstützen, wird nicht ausgeschöpft. Die Orientierungen des § 110 ZGB allein reicht offenbar nicht aus, sondern es bedarf des Einsatzes eines weiteren zivilrechtlichen Leitungsmittels. Ein geeignetes Leitungsmittel dürfte eine Mustervereinbarung sein, in der die wichtigsten Rechte und Pflichten vorgegeben werden, die unter Beachtung der konkreten Bedingungen in den einzelnen Wohngrundstücken zu konkretisieren sind.

In Erfüllung der in den Mitwirkungsverträgen übernommenen Pflichten haben die VEB GW/KWV mit Unterstützung der Ausschüsse der Nationalen Front verstärkt darauf Einfluß genommen, daß die Mietergemeinschaften Hausreparaturpläne aufstellen.[10] Die Erarbeitung von Hausreparaturplänen ist darauf gerichtet, die Planmäßigkeit der Instandhaltung zu gewährleisten, die Mieter in den Entscheidungsprozeß über durchzuführende Reparaturen einzubeziehen und ihre aktive Mitwirkung bei der Durchführung von Instandhaltungsarbeiten zu organisieren. Im Rahmen der Aufstellung von Hausreparaturplänen erhalten die Mieter vielfältige Anregungen für volkswirtschaftlich wichtige Eigenleistungen, deren Realisierung im „Mach-mit!"-Wettbewerb konkret abgerechnet wird.

Die Hausreparaturpläne bewähren sich dann, wenn in ihnen konkret ausgewiesen wird, welche Arbeiten vom Vermieter und in welchem Umfang Arbeiten von den Mietern als Eigenleistungen ausgeführt werden. Wo die Vielfalt der Möglichkeiten für die Einbeziehung der Mieter ausgeschöpft wird, kommt es in beachtlichem Umfang zur Erbringung von Eigenleistungen und damit zur besseren Erfüllung der Instandhaltungsaufgaben des Vermieters. Die Mehrheit der im Rahmen von Hausreparaturplänen durchzuführenden Eigenleistungen wird als Ganzes gegenüber der Hausgemeinschaft abgerechnet. Zu diesen Arbeiten gehören u. a. der Außenanstrich der Fenster, das Streichen der Haus- und Hoftüren, teilweise die Renovierung der Treppenhäuser, bestimmte Wartungsarbeiten und Kleinstreparaturen u. a. m. Durch § 4 Abs. 4 der Anordnung vom 10. Februar 1983 über die Planung, Verwendung und Abrechnung finanzieller Fonds in den volkseigenen Betrieben der Wohnungswirtschaft[11] ist festgelegt, daß den Mietergemeinschaften 50 % des Wertes ihrer Eigenleistungen zu vergüten sind.

Nicht immer gelingt es, die Übereinstimmung der Hausreparaturpläne mit den staatlichen Bilanzentscheidungen zu sichern. Die von den VEB GW/KWV den Mietergemeinschaften vorgegebenen Kennziffern werden verschiedentlich kapazitätsmäßig nicht abgedeckt. Das führt dazu, daß die Vermieterbetriebe ihre im Hausreparaturplan übernommenen Verpflichtungen nicht erfüllen. Dazu kommt, daß die Hausgemeinschaften vielfach über aufgetretene Veränderungen nicht informiert werden. Die Erwartungen der Mieter werden dann enttäuscht, was Einfluß auf ihre Bereitschaft zur Mitwirkung hat. Ungeachtet der teilweise bei der Erfüllung der Hausreparaturpläne aufgetretenen Schwierigkeiten kann festgestellt werden, daß sie sich als Mittel zur Planung, Organisierung und Durchführung der Instandhaltung der Wohnungen und Wohngebäude bewähren.

3. Zur Erfüllung der Instandhaltungspflicht aus Mietverträgen durch die VEB Gebäudewirtschaft KWV

Die Erfüllung der Instandhaltungspflicht aus den Mietverträgen ist eine wichtige politische, ökonomische und rechtliche Aufgabe der volkseigenen Vermieterbetriebe. Die besten Ergebnisse in der Wohnrauminstandhaltung erzielen jene VEB GW/KWV, die im Rahmen der ihnen im Planungsprozeß vorgegebenen Kennziffern festlegen, in welchem Umfang Kapazitäten für die laufende Instandhaltung, für die geplante Instandhaltung und für die planmäßig-vorbeugende Instandhaltung (PVI) zum Einsatz kommen.

Für die Instandhaltungspflicht haben das Prinzip der kameradschaftlichen Zusammenarbeit der Partner und das der realen Erfüllung[12] große Bedeutung. Die Unterstützung der VEB GW/KWV bei der Durchführung von Instandhaltungsarbeiten durch die Mieter hat sich in den letzten Jahren auf breiter Basis durchgesetzt.[13] Die VEB GW/KWV erfüllen in ständig steigendem Maße mit eigenen Kapazitäten ihre Instandhaltungspflicht aus den Mietverträgen. Dabei ist eine Konzentration ihrer Kapazitäten auf Klein- und Kleinstreparaturen erforderlich. Mit dieser Konzentration ist zugleich deren Spezialisierung verbunden, die sich insbesondere für Gasanlagen, für Sanitärinstallation, für den Dachbereich sowie für Havarie- und Schnelldienste bewährt hat. Als geeignete organisatorische Form für die schnelle Beseitigung von Schäden an Wohngebäuden und Mängel in Wohnungen haben sich die Komplexbrigaden erwiesen. Durch ein abgestimmtes Ineinandergreifen der einzelnen Gewerke wird erreicht, daß in relativ kurzen Zeiträumen die Nutzungsfähigkeit der Wohnung wieder hergestellt wird. Die Erfüllung der Instandhaltungspflicht aus den Mietverträgen ist in den VEB GW/KWV gegenwärtig allein mit dem Einsatz eigener Kapazitäten nicht möglich. Ein wichtiges Mittel für die planmäßige Durchführung von Instandhaltungsarbeiten ist die Kooperation der VEB GW/KWV mit Bau- und Handwerksbetrieben. Die VEB GW/KWV bemühen sich, auf der Grundlage der staatlichen Bilanzentscheidungen[14] durch eine effektive Gestaltung der Wirtschaftsverträge mit den Handwerksbetrieben dazu beizutragen, daß deren Kapazitäten rationell eingesetzt werden. Bei der inhaltlichen Gestaltung der Wirtschaftsverträge ist es kaum möglich, die einzelnen Leistungen des Handwerkbetriebes konkret festzulegen. Es hat sich deshalb durchgesetzt, Rahmenverträge abzuschließen, die durch Objektverträge konkretisiert werden. Auf diese Weise wird in der Regel eine termin- und qualitätsgerechte Erfüllung der Verträge erzielt. Eine Erweiterung ihrer Kapazitäten für die Durchführung von Instandhaltungsaufgaben erzielen die VEB GW/KWV, wenn sie die zusätzliche Arbeit von Bürgern im Rahmen des § 2 der Anordnung über die Zulässigkeit, Vergütung und Kontrolle von zusätzlicher Arbeit bei der Vorbereitung und Durchführung von Baumaßnahmen vom 25. 8. 1975[15] organisieren. Es konnte festgestellt werden, daß die von den VEB GW/KWV organisierte Arbeit im Rahmen des Aufkommens für Instandhaltungsleistungen in der Republik zwischen 30 und 40 Prozent liegt. Bedeutende Ergebnisse haben dabei jene VEB GW/KWV erzielt, die das System des Einsatzes dieser Arbeitskräfte und die Abrechnung ihrer Arbeitsleistungen überschaubar und rationell gestalten. Eine zügige Abrechnung der erbrachten Arbeitsleistungen ist eine ökonomische Stimulierung und hat Einfluß auf die Bereitschaft, zusätzliche Arbeit in der Wohnrauminstandhaltung zu leisten.

Neben den im Rahmen von Hausreparaturplänen durchgeführten Eigenleistungen der Mieterkollektive spielen Eigenleistungen einzelner Mieter, die ihre staatliche Grundlage in individuellen Vereinbarungen mit dem Vermieter haben, eine wichtige Rolle. Diese Eigenleistungen werden von den Mietern vor allem in der eigenen Wohnung erbracht. Auf diese Weise helfen sie ihrem Vermieterbetrieb bei der Erfüllung der Instandhaltungspflicht aus dem Mietvertrag. Für die inhaltliche Gestaltung der Vereinbarungen hat die 16. Plenartagung des Obersten Gerichts wichtige Orientierungen gegeben.[16]

Die Untersuchungen haben insgesamt gezeigt, daß die Vermieter ihre Anstrengungen erhöhen müssen, um eine reale Erfüllung ihrer Instandhaltungspflichten gegenüber allen

Mietern zu erreichen. Erhöhung der Qualität der staatlichen Planung und Bilanzierung der Instandhaltungsprozesse, zweckgebundener Einsatz aller Instandhaltungskapazitäten in der Wohnrauminstandhaltung, Verbesserung der Materialversorgung und die Entwicklung der Handwerkerkapazitäten sind erforderlich, um eine durchgreifende Verbesserung der Versorgung der Mieter mit Instandhaltungsleistungen zu erzielen.

Anmerkungen

1 Programm der SED, Berlin 1976, S. 30.
2 Vgl. 8. Tagung des Zentralkomitees der SED, 24. 5. 1984, Aus dem Bericht des Politbüros an das Zentralkomitee der SED, Berichterstatter: Genosse Kurt Hager, Berlin 1984, S. 26.
3 Vgl. Verfassung der DDR vom 6. 4. 1968 in der Fassung des Gesetzes zur Ergänzung und Änderung der Verfassung der DDR vom 7. 10. 1974.
4 Vgl. Zivilgesetzbuch der DDR vom 19. 6. 1975, GBl. I, Nr. 27, S. 465.
5 Vgl. ebenda.
6 Vgl. Fleiß der Bürger schuf Werte in Milliardenhöhe, in: Neues Deutschland vom 19. März 1984, S. 3.
7 Vgl. ebenda.
8 Vgl. ebenda.
9 Vgl. ebenda, § 110 Abs. 1.
10 Vgl. ebenda, § 115 Ziff. 1.
11 Vgl. GBl. I, Nr. 7, S. 82.
12 Vgl. Zivilgesetzbuch der DDR, a. a. O., §§ 44, 77.
13. Aus dem Bericht des Präsidium an die 16. Plenartagung des Obersten Gerichts der DDR zur Wohnungsmietrechtsprechung, Abschnitt I Ziff. 2, in: Neue Justiz, 8/1980, S. 343 ff.
14 Vgl. Verordnung vom 15. Mai 1980 über die Baubilanzierung und Bauprojektierung, GBl. I, Nr. 15, S. 127, §§ 3 Abs. 2 Buchstabe a, 11 Abs. 1, Abs. 3, 15 Abs. 1.
15 Vgl. GBl. I, Nr. 35, S. 632.
16 Aus dem Bericht des Präsidiums an die 16. Plenartagung des Obersten Gerichts der DDR zur Wohnungsmietrechtsprechung, Abschnitt I Ziff. 2, in: Neue Justiz, 8/1980, S. 344.

Fritz Maurer

Rechtsfragen der staatlichen Leitung des Gaststättenwesens

Die Erhöhung der Versorgungskontinuität, Gaststättenkultur und Handelseffektivität bei weiterer Senkung von Handelsverlusten und Handelskosten wird als Zielstellung in der „Gemeinsamen Direktive des Politbüros des ZK der SED, des Ministerrates der DDR und des Bundesvorstandes des FDGB zur Ausarbeitung des Volkswirtschaftsplanes 1985“ fixiert[1]. Das heißt für das Gaststättenwesen, die Qualität der gesellschaftlich organisierten Ernährung zu erhöhen, das Angebot an Unterhaltungsleistungen weiter zu entwickeln und die Effektivität der lebendigen und vergegenständlichten Arbeit zu steigern. Diese Stoßrichtung ist Bestandteil der staatlichen Versorgungspolitik. Sie wird als gesamtstaatliche Aufgabe von den örtlichen Staatsorganen über die Versorgungsleitung umgesetzt. „Die Räte der Kreise, Städte und Stadtbezirke (ebenso die Gemeinden – d. V.) nehmen in unserer einheitlichen sozialistischen Staatsmacht einen wichtigen Platz ein.“[2] Sie sind im Rahmen der Versorgungsleitung auf der Kreisebene Partner der Gaststättenbetriebe und auf der Ortsebene der Gaststätten unmittelbar. Über diese Beziehungen der Versorgungsleitung wirkt der sozialistische Staat auf den genannten Leitungsebenen mittelbar bzw. unmittelbar auf die zivilrechtlichen Beziehungen der Bürger und Gaststättenbetriebe ein. Auf einige ausgewählte Leitungsaspekte soll hier eingegangen werden. Es gilt erst einmal festzustellen, daß auch unsere Forschungsergebnisse bestätigen, daß das Zivilrecht Leitungscharakter auch in seiner Verknüpfung und Wechselwirkung mit dem Staats- und Verwaltungsrecht hat.[3] Durch die Entscheidungstätigkeit der örtlichen Staatsorgane, insbesondere mittels komplexer Instrumente, wie sie mit dem Bezirksversorgungsplan, der Kreisversorgungskonzeption und der versorgungspolitischen Aufgabenstellung für die jeweilige Gaststätte gegeben sind, werden neben anderen Entscheidungsformen wesentliche materiell-technische, technologisch-energetische, warenfonds- und arbeitskräftemäßige, zeitlich-reale Voraussetzungen bzw. Rahmenbedingungen, aber auch inhaltliche Elemente für die Vorbereitung, den Abschluß und die Erfüllung von Bewirtschaftsverträgen geschaffen. Die Gaststättenbetriebe können ihren allgemeinen wie speziellen Versorgungspflichten aus dem Zivilgesetzbuch und anderen Rechtsvorschriften sowie den konkreten staatlichen Planaufgaben nur im Zusammenwirken mit den örtlichen Staatsorganen gerecht werden. Die Versorgung der Bevölkerung mit Konsumgütern ist in der Tätigkeit der örtlichen Staatsorgane eine erstrangige politische Aufgabe, die ihnen die Partei übertragen hat. Mit Zunahme der Leitung und Planung der territorialen Entwicklung, durch die Aufgabe, der Intensivierung umfassenden Charakter zu verleihen[4], muß die Koordinierung der Tätigkeit der verschiedenen Versorgungsträger (einschließlich Gaststätten) eine neue Qualität erreichen, wozu die Präzisierung der Rechtsvorschriften wesentlich beitragen wird.[5]

Die Intensivierung im Gaststättenwesen zielt auf eine generelle Niveauerhöhung bei gleichzeitig stärkerer Differenzierung der Preisgruppen für Gaststätten und die Entwicklung und Sicherung der Gaststättenkultur ab. Das erfordert, insbesondere auf der Ebene des Kreises, eine ausgewogene, mit den verschiedenen Gaststättenbetrieben abgestimmte Konzeption der Entwicklung des Gaststättennetzes über die Niveau- und Preisstufenbestimmung zu erreichen. Das Ziel muß darin bestehen, eine hohe Versorgungseffektivität bei rationeller Nutzung des verfügbaren Arbeitsvermögens und aller Kapazitäten der Gaststätten unterschiedlicher Eigentumsformen zu gewährleisten.[6]

Die versorgungspolitischen Aufgabenstellungen, die die Gaststätten aller Eigentumsformen von den Staatsorganen der Städte und Gemeinden erhalten[7], konkretisieren im wesentlichen die allgemeinen zivilrechtlichen Versorgungspflichten für die einzelne Gaststätte. Hier zeigt sich, wie zivilrechtliche allgemeine Normen über die Entscheidungstätigkeit der örtlichen Staatsorgane auf der Grundlage eines staats- und verwaltungsrechtlichen Gesetzes zur Grundlage für die Vorbereitung, die Gestaltung, den Inhalt und den Rahmen der Bewirtungsverträge werden. Der Leitungscharakter des Zivilrechts endet beim Bewirtungsvertrag – wie auch beim Kaufvertrag – mit den Erfüllungshandlungen für Haupt- und Nebenpflichten durch den Gaststättenbetrieb. Inwieweit die zivilrechtlichen Pflichten des Betriebes durch die versorgungspolitische Aufgabenstellung (staats- bzw. verwaltungsrechtliche Entscheidung) und die arbeitsrechtlichen Pflichten des Gaststättenleiters und seiner Mitarbeiter konkretisiert und realisiert werden, hängt vom Niveau der Leitungstätigkeit des Gaststättenbetriebes ab.

Die eigenverantwortliche Entscheidungstätigkeit des Gastes beim Bewirtungsvertrag ist in seinem Rahmen durch das Zivilgesetzbuch abgesteckt; dieser ist aber relativ unbestimmt, weil es für den Bewirtungsvertrag keine explizite Regelung im Zivilgesetzbuch gibt. Die Gäste, z. T. auch die Mitarbeiter und Leiter der Gaststätten, wissen den Bewirtungsvertrag als modifizierten Kaufvertrag, der mit Elementen des Dienstleistungsvertrages verbunden ist, rechtlich nicht einzuordnen. Da viele Aspekte eines Gaststättenbesuches nicht im einzelnen gesetzlich geregelt sind,[8] treten immer viele Unsicherheiten für beide Partner des Bewirtungsvertrages auf. Wenn aber eine qualifizierte, aktuelle versorgungspolitische Aufgabenstellung für die Gaststätte vorliegt, wird die Pflichtenlage des Leiters der Gaststätte als Vertreter des Gaststättenbetrieben in den Bewirtungsbeziehungen deutlicher. Mit der versorgungspolitischen Aufgabenstellung bestände die Möglichkeit für den Gast, das Entscheidungsfeld zur eigenen Disposition konkret überblicken zu können. Die Untersuchungen offenbaren die Notwendigkeit, im Interesse der genaueren Bestimmung der zivilrechtlichen Rechte-Pflichtenlage auch für den Gast die versorgungspolitische Aufgabenstellung zu einem der Öffentlichkeit zugänglichen Dokument zu machen. Das bedeutet, in keiner Weise ein „Betriebsgeheimnis" bekanntzugeben, denn nach § 59 Abs. 1 GöV[9] muß die Bestätigung der vom Gaststättenbetrieb erarbeiteten versorgungspolitischen Aufgabenstellung vor der Entscheidung mit der Bevölkerung beraten werden. Die versorgungspolitische Aufgabenstellung hat durch die noch fehlende spezielle, den Besonderheiten der Versorgungsbeziehungen des Bewirtungsvertrages entsprechende rechtliche Fixierung eine besondere rechtliche Bedeutung. Aber auch unter dem Aspekt der gesellschaftlichen und staatlichen Kontrolle ist es wichtig, Maßstäbe für den Soll-Ist-Vergleich bei der Erfüllung staatlicher Versorgungspflichten zu haben. Eine Analyse von 144 Objekten in Leipzig im Jahre 1982 ergab, daß hier noch wesentliche Reserven zur Erhöhung der Qualität und Effektivität der Leitungstätigkeit zur Gestaltung der Versorgungsbeziehungen mit Hilfe des Bewirtungsvertrages liegen.

Eine Forderung des X. Parteitages der SED betrifft die Hebung der Handelskultur. Die Gaststättenkultur ist eine spezifische Form der Handelskultur, die auch mit Hilfe versorgungspolitischer Aufgabenstellungen erhöht werden kann. In der „Richtlinie zur Erhöhung der Gaststättenkultur" des Ministers für Handel und Versorgung vom 1. November 1983[10] wird der Zusammenhang zwischen Gaststättenkultur und versorgungspolitischer Aufgabenstellung sichtbar. Die Orientierung des Gaststättenwesens auf 7 Schwerpunkte, die eine hohe Gaststättenkultur unter den gegenwärtigen Bedingungen der achtziger Jahre charakterisieren, ist wesentliche Voraussetzung für neue Initiativen der Kollektive in den Gaststätten, im Rahmen des sozialistischen Wettbewerbes niveauerhöhende Verpflichtungen zu übernehmen.[11] Mit diesen Maßstäben an die Gaststättenkultur wird der Begriff Verkaufskultur des Zivilgesetzbuches[12] erfreulicherweise für die spezifischen Bedingungen des Gaststättenwesens im weiten Sinne charakterisiert. Es geht also nicht nur um eine hohe Gastlichkeit durch aufmerksame, freundliche, fachgerechte und korrekte Bedienung und Betreuung des Gastes, niveauvolle Unterhaltungsleistungen sowie entsprechende Gestaltung der Gaststätte, sondern auch um ein vielseitiges Angebot an Speisen und Getränken auf der Grundlage der Warenfonds, die von den örtlichen Staatsorganen bereitgestellt werden, um die Veredlung einheimischer Rohstoffe, die volle Leistungsbereitschaft der vorhandenen Kapazitäten während der gesamten Öffnungszeit sowie um Ordnung, Sicherheit und Sauberkeit innerhalb und außerhalb der Gaststätte. Es fällt nicht schwer, aus diesem Überblick eine Beziehung zwischen Gaststättenkultur und sozialistischem Lebensniveau, ökonomischer Strategie der achtziger Jahre sowie zu den allgemeinen und speziellen zivilrechtlichen Versorgungspflichten herzustellen.

Die Leiter der Fachorgane Handel und Versorgung bei den örtlichen Räten haben mit den Gaststättenbetrieben die Grundfragen der Konkretisierung der versorgungspolitischen Aufgabenstellungen und spezifischer Versorgungsaufträge[13] unter dem Gesichtspunkt der Erhöhung der Gaststättenkultur zu klären. Die Gaststättenbetriebe richten ihre Vorschläge zur Präzisierung der versorgungspolitischen Aufgabenstellung an die Räte der Städte und Gemeinden, soweit nicht das Fachorgan des Rates des Kreises die Entscheidung zur Bestätigung gemäß § 59 Abs. 1 GöV[14] vorbehält. Diese Vorschläge sollten insbesondere mit der Gewerkschaftsgruppe des Gaststättenkollektivs und dem Gästebeirat beraten worden sein, um dem Grundsatz des § 59 Abs. 1 GöV zu entsprechen, daß die Bestätigung nach Beratung mit der Bevölkerung erfolgt[15], also auf einen lebensverbundenen und bürgernahen Arbeitsstil orientiert[16]. Die Erfahrungen belegen, daß die Identifikation des Kollektivs mit den Anforderungen aus der versorgungspolitischen Aufgabenstellung um so größer ist, je qualifizierter und objektbezogener die Ausarbeitung erfolgte. Von der Einbeziehung des gesamten Kollektivs oder beauftragter Vertreter, die mitgearbeitet, -gedacht und -beraten haben, hängt auch wesentlich die innere Annahme und Motivierung für „ihre" Aufgabenstellung ab.

Die Versorgungsaufträge werden monatlich bzw. quartalsweise als qualitative Kennziffer des Prämienlohnes und im sozialistischen Wettbewerb ausgewertet. Damit werden arbeitsrechtliche Stimulierungsmittel zur Erfüllung zivilrechtlicher Versorgungspflichten eingesetzt, was unter anderem den Wirkungszusammenhang Zivilrecht und Arbeitsrecht sichtbar macht. Die Verwirklichung des Leistungsprinzips mit Hilfe arbeitsrechtlicher Regelungen wirkt hier direkt auf die Erfüllung zivilrechtlicher Pflichten des Betriebes gegenüber den Gästen und damit auf die Realisierung dieses Prinzips in den Beziehungen, die durch den Bewirtungsvertrag gestaltet werden, ein.

Ein besonderer Schwerpunkt der Gaststättenkultur und der versorgungspolitischen Aufgabenstellung ist die Öffnungszeit, die im Zusammenhang mit dem Küchen- und Ausschankschluß, aber auch mit den Ruhe- bzw. Schließtagen steht. Dieser Schwerpunkt wird unter mehreren Gesichtspunkten als Teil der Gaststättenkultur genannt. Er hat einen Bezug zur ökonomischen Strategie, denn die Öffnungszeiten müssen mit dem Arbeitsrhythmus und den besonderen Anforderungen der Schichtarbeit übereinstimmen,[17] weil die Intensivierung im Gaststättenwesen die volle Nutzung vorhandener Kapazitäten in Küche und Gastraum erfordert.

Durch Entscheidungen der Räte der Städte und Gemeinden zu den Öffnungszeiten der Gaststätten[18] werden Rahmenbedingungen für zivilrechtliche Beziehungen des Bewirtungsvertrages gesetzt. Bürgerfreundliche Öffnungszeiten sind in vielen Kreisen, Städten und Gemeinden das Ziel von Analysen der territorialen Erfordernisse, der Diskussion von Abgeordneten und Ratsmitgliedern mit Bürgern, Werktätigen und Handelsfunktionären, sind Gegenstand der Beratungen in den ständigen Kommissionen, den Volksvertretungen und Räten sowie deren Entscheidungstätigkeit. Die Gaststätte als Teil des sozialistischen Betriebes bzw. als Betrieb[19] (bei Kommissionsgastwirten und privaten Gaststätten) ist an die Entscheidung zur Öffnungszeit gebunden. Es ist eine verwaltungsrechtliche Pflicht; ihre Nichteinhaltung erfüllt den Tatbestand einer Ordnungswidrigkeit.[20] Aus der Verantwortung für die planmäßige, bedarfsgerechte und kontinuierliche Versorgung mit Speisen, Getränken und Unterhaltungsleistungen ist der Gaststättenbetrieb verpflichtet, innerhalb der festgelegten Öffnungszeiten seine zivilrechtlichen Pflichten zum Abschluß von Bewirtungsverträgen zu erfüllen.[21] Hier zeigt sich die Verknüpfung von Subjekt der Leitung und Planung der Volkswirtschaft und Subjekt des Zivilrechts.

Analysen zu diesem Schwerpunkt zeigen, daß die Schwierigkeiten in der Festlegung des Stundenumfangs der Öffnungszeiten pro Tag, in der Entscheidung über Schließtage und Urlaubsschließungen liegen. Grundsätzliche Entscheidungen der Räte der Bezirke, die durch die Räte der Kreise konkretisiert und den Räten der Städte und Gemeinden als Empfehlungen übergeben werden, erweisen sich in Hinsicht auf einheitliche Kriterien und Ausgangspunkte bei den Entscheidungen als sehr nützlich.[22]

Die staatlich festzulegende Öffnungszeit, die eventuellen Ruhetage sowie die Urlaubsschließungen sind dem zeitlich und territorial begründeten Bedarf anzupassen. Die vom Gaststättenleiter vorzunehmende Arbeitsplangestaltung muß eine optimale Versorgungsbereitschaft sichern.

Ein weiterer Punkt für eine hohe Gaststättenkultur ist die Erfüllung der versorgungspolitischen Aufgabenstellung in Hinsicht auf das Speise- und Getränkeangebot und den effektiven Einsatz der durch die örtlichen Staatsorgane bereitgestellten Warenfonds. Die Gaststättenbetriebe haben die zivilrechtliche Pflicht, das vorgesehene Warensortiment zu führen, d. h., in der Speise- und Getränkekarte ihre Aufforderung an den Gast zur Abgabe eines Angebotes zu unterbreiten.[23] Der Leiter hat Speisen und Getränke in einwandfreier Qualität entsprechend den gesetzlichen Preisen anzubieten, die auf ordnungsgemäßer Kalkulation beruhen.[24] Durch die Preiseinstufung der Gaststätten (als erstmalige oder Neueinstufung) nehmen die zuständigen örtlichen Staatsorgane auf die Preisbildung mit Hilfe der Kalkulation direkten Einfluß. Ausgehend von den versorgungspolitischen Erfordernissen im Territorium, sichern sie über die Gaststättennetzkonzeption des Kreises, daß je nach Bedarf ein differenziert gestaltetes Versorgungsniveau mit den entsprechenden Preisstufen in den Gaststätten gewährleistet ist.[25] Eine Preisauszeichnung der Speisen und Getränke hat gemäß § 138 Abs. 2 ZGB i. Vb. mit der Preisanordnung Nr. 2025 – Verpflichtung zur Preisauszeichnung – zu erfolgen.[26] Voraussetzung für die Realisierung dieser zivilrechtlichen Pflicht ist die verwaltungsrechtliche Entscheidung der Preisstufe für die Gaststätte. Die uns vorliegenden Untersuchungsergebnisse zeigen, daß der betrieblichen, staatlichen und gesellschaftlichen Preiskontrolle erhöhte Aufmerksamkeit geschenkt werden muß.

Hierbei tragen die Räte der Kreise, der Städte und Gemeinden eine besondere Verantwortung. Die Organisierung gesellschaftlicher Kontrollkräfte wie die Gaststättenbeiräte, die Arbeiterkontrolle der Gewerkschaft, die Arbeiter- und Bauern-Inspektion usw. wäre dazu notwendig. In der Rechtspropaganda muß stärker die Aufforderung an die Bürger ergehen, bei Unkorrektheiten in Fragen der Qualität und des Preises Eintragungen in das Gästebuch vorzunehmen oder Eingaben unmittelbar an das zuständige örtliche Organ zu senden. Die demokratische Mitwirkung kann viel in Bewegung setzen, um die Preisehrlichkeit als Wert sozialistischer Gaststättenkultur deutlich werden zu lassen. Ein Teil der Gaststättenleiter wünschen eine solche Aktivität zur Unterstützung ihrer Erziehungs- und Leitungsarbeit. Die Schlüsselstellung, die ein Leiter im Gaststättenkollektiv einnimmt, ist eine besondere. Durch eine entsprechende Qualifizierung und ein entsprechendes Arbeitsmaterial muß er dieser gerecht werden. Dazu gehören auch die für seine Arbeit notwendigen Rechtsvorschriften und andere normative Regelungen. Die besondere Schwierigkeit liegt in der fehlenden speziellen Regelung der zivilrechtlichen Beziehungen, welche die Gäste mit dem Gaststättenbetrieb eingehen. Der „Bewirtungsvertrag" als modifizierter Kaufvertrag ist mit dem Text zum Kaufvertrag für die meisten nicht faßbar. Dem Kellner wie vor allem den Gästen fällt es äußerst schwer, aus den Bestimmungen und den Grundsätzen des Zivilgesetzbuches[27] die konkrete Recht- und Pflichtenlage in den zivilrechtlichen Versorgungsbeziehungen zu erkennen und danach zu handeln. Die populärwissenschaftliche Literatur kann eine notwendige Regelung auf diesem Gebiet nicht ersetzen. Das Gaststättenwesen nimmt aus einer ganzen Reihe von Gründen an Bedeutung zu und hat eine wesentlich steigende ökonomische versorgungspolitische Aufgabe zu erfüllen; es prägt seine Spezifik in den Leitungs- und Versorgungsbeziehungen immer stärker aus, so daß auch eine besondere rechtliche Regelung der Verantwortung des Leiters einer Gaststätte in den Leitungs- und Versorgungsbeziehungen einschließlich der Beziehungen zu den örtlichen Staatsorganen immer dringlicher wird.

Anmerkungen

1 Gemeinsame Direktive des Politbüros des ZK der SED, des Ministerrates der DDR und des Bundesvorstandes des FDGB zur Ausarbeitung des Volkswirtschaftsplanes 1985 in: Neues Deutschland vom 19./20. 5. 1984, S. 5.

2 W. Stoph, Aufgaben der örtlichen Räte bei der Verwirklichung der Beschlüsse des X. Parteitages der SED, in: Neues Deutschland vom 2. 3. 1984.

3 Vgl. Zivilgesetzbuch der DDR vom 19. 6. 1975, GBl. I, Nr. 27, S. 465, §§ 5, Abs. 2, 12, 16, 44 Abs. 2, 133 Abs. 1, 135 Abs. 3; Gesetz über die örtlichen Volksvertretungen und ihre Organe (GöV) vom 12. 7. 1973, GBl. I, Nr. 32, S. 313, §§ 2 Abs. 3, 25, 39, 59.

4 Vgl. E. Krenz, Zur Vorbereitung der örtlichen Staatsorgane bei der Vorbereitung der Kommunalwahlen, in: Neues Deutschland vom 3./4. 3. 1984.

5 Vgl. Bericht des Zentralkomitees der SED an den X. Parteitag der SED, Berichterstatter: Genosse Erich Honecker, Berlin 1981, S. 118.

6 Grundlage für diese Entscheidungstätigkeit sind insbesondere § 39 Abs. 2 unter Beachtung §§ 11 Abs. 2, 59 Abs. 1, Gesetz über die örtlichen Volksvertretungen und ihre Organe, a. a. O.; § 134 Abs 3 Zivilgesetzbuch der DDR, a. a. O.; die Direktive über die Planung und Organisation der Entwicklung und Gestaltung des Einzelhandelsnetzes – Einzelhandelsdirektive – vom 16. 11. 1981, insbesondere Pkt. 4.2., in: Verfügungen und Mitteilungen des Ministeriums für Handel und Versorgung, Sonderdruck Nr. 8/1982; die Anweisung Nr. 10/1974, Preisstufen für Gaststätten, in: Verfügungen und Mitteilungen des Ministeriums für Handel und Versorgung Nr. 11/1974.

7 Vgl. Gesetz über die örtlichen Volksvertretungen und ihre Organe, a. a. O., § 59 Abs. 1.

8 Vgl. G. Seibert, Zur Rolle des sozialistischen Rechts bei der Erhöhung der Qualität und Effektivität im Gaststättenwesen der DDR – Analyse der Anwendung des sozialistischen Rechts – Probleme und Schlußfolgerungen für die Leitungstätigkeit, Dissertation A, Handelshochschule Leipzig 1983, S. 44.

9 Vgl. ebenda.

10 Vgl. Verfügungen und Mitteilungen des Ministeriums für Handel und Versorgung vom 15. 11. 1983, Sonderdruck Nr. 28.

11 Vgl. Jeden Tag zufriedene Gäste, Beschluß des Kollektivs der Gaststätte „Am Zwinger“ zur Führung des sozialistischen Wettbewerbs im 35. Jahr der Gründung der DDR, in: Handelswoche/Konsumgenossenschaftler 1/1984, S. 1.

12 Vgl. Zivilgesetzbuch der DDR, a. a. O., § 134 Abs. 3.

13 In der Literatur und in normativen Regelungen wurden in der Vergangenheit die Begriffe „versorgungspolitische Aufgabenstellung“ und „Versorgungsauftrag“ als Synonym gebraucht. In der genannten Richtlinie ist eine inhaltliche, zeitliche und leitungsmäßige Abgrenzung erfolgt. Die Punkte 2.1.1., 3.10., 3.11. bringen darin Klarheit, daß der Versorgungsauftrag durch den Leiter des Betriebes als zeitlich begrenztes Instrument auf die Erfüllung ausgewählter Versorgungsschwerpunkte gerichtet ist, die die versorgungspolitische Aufgabenstellung ergänzen und mit konkret abrechenbaren Vorgaben als Ziele des Wettbewerbs im Sinne des § 35 Buchstabe 1 Arbeitsgesetzbuch (AGB) zu verstehen sind. Die versorgungspolitische Aufgabenstellung ist ein grundsätzliches Leitungsinstrument mit langfristigem Charakter, welches jährlich durch Präzisierung aktualisiert werden kann. Die Einhaltung dieses Leitungsdokumentes ist grundsätzliches Kriterium für die Beurteilung der Qualität und Quantität der Leistungen der Gaststätten und damit auch der Bewertung, wie das Zivilrecht in dieser Einrichtung realisiert wird.

14 Gesetz über die örtlichen Volksvertretungen und ihre Organe, a. a. O.

15 Die Beratung im Arbeitskollektiv würde auch dem § 32 Arbeitsgesetzbuch (AGB) zur Plandiskussion Rechnung tragen. Die Untersuchungen zeigen aber, daß gerade dieser Aspekt der demokratischen Mitwirkung nicht genügend beachtet wird.

16 Vgl. Brief der Teilnehmer der Beratung des ZK der SED und des Ministerrates der DDR mit den Vorsitzenden der Räte der Kreise am 1. und 2. März 1984 in Berlin an den Generalsekretär des ZK der SED und Vorsitzenden des Staatsrates er DDR, Erich Honecker, in: Neues Deutschland, 3./4. März 1984.

17 Vgl. E. Krenz, Zur Vorbereitung der örtlichen Staatsorgane bei der Vorbereitung der Kommunalwahlen, a. a. O.

18 Vgl. Gesetz über die örtlichen Volksvertretungen und ihre Organe, a. a. O., § 59 Abs. 1.

19 Vgl. Zivilgesetzbuch der DDR, a. a. O., § 11.

20 Vgl. Verordnung zur Bekämpfung von Ordnungswidrigkeiten – OWVO – vom 22. 3. 1984, GBl. I, Nr. 14, S. 173.

21 Vgl. Zivilgesetzbuch der DDR, a. a. O., §§ 12 Abs. 2, 13, 134 Abs. 1.

22 Vgl. R. Korth, Die Leitung der Versorgung der Bevölkerung mit Konsumgütern durch die örtlichen Staatsorgane in Stadt- und Landkreisen, Städten und Gemeinden einschließlich ihrer Einflußnahme auf die Versorgungsbeziehungen zwischen Einzelhandelsbetrieben und Bürgern beim Kauf und bei der Bewirtschaftung, Dissertation A, Handelshochschule Leipzig 1983, S. 135.

23 Vgl. Zivilgesetzbuch der DDR, a. a. O., §§ 134 Abs. 2 138 Abs. 1.

24 Vgl. Vb. m. Verkaufseinrichtungsleiter – Anordnung – AO v. 3. 7. 1973 über Aufgaben, Rechte und Pflichten der Leiter von Verkaufseinrichtungen des sozialistischen Einzelhandels und des Gaststätten- und Hotelwesens, GBl. I, Nr. 34.

25 Vgl. Gesetz über die örtlichen Volksvertretungen und ihre Organe, a. a. O., §§ 23 Abs. 3, 38 Abs. 3, 57; Anweisung Nr. 10/74 des Ministers für Handel und Versorgung – Preisstufen für Gaststätten – Einstufungsrichtlinie, in: Verfügungen und Mitteilungen für Handel und Versorgung 11/1974.

26 Vgl. Preisordnung vom 10. 1. 1964, GBl. II, S. 95 i. d. F. der Änderungs-Anordnung vom 5. Mai 1969, GBl. II, S. 64.

27 Vgl. Zivilgesetzbuch der DDR, a. a. O., §§ 1–16; 43–93; 133–158.

Autorenverzeichnis

Prof. Dr. sc. Gotthold Bley
Sektion Straf-, Zivil-, Arbeits- und Agrarrecht der Akademie für Staats- und Rechtswissenschaft der DDR, Potsdam-Babelsberg

Prof. Dr. sc. Joachim Göhring
Sektion Rechtswissenschaft der Humboldt-Universität zu Berlin

Doz. Dr. sc. Helmut Grieger
Sektion Straf-, Zivil-, Arbeits- und Agrarrecht der Akademie für Staats- und Rechtswissenschaft der DDR, Potsdam-Babelsberg

Dr. sc. Hartwig Krüger
Sektion Rechtswissenschaft der Karl-Marx-Universität, Leipzig

Doz. Dr. Mauer
Sektion Sozialistische Volkswirtschaft/Binnenhandel der Handelshochschule, Leipzig

Prof. Dr. sc. Manfred Mühlmann
Sektion Rechtswissenschaft der Karl-Marx-Universität, Leipzig

Prof. Dr. sc. Hans Richter
Sektion Staats- und Rechtswissenschaft der Martin-Luther-Universität, Halle

ABHANDLUNGEN
DER AKADEMIE DER WISSENSCHAFTEN DER DDR

Abteilung Veröffentlichungen der Wissenschaftlichen Räte

Aus den Tagungen des Rates für staats- und rechtswissenschaftliche Forschung der Akademie der Wissenschaften der DDR erschienene Veröffentlichungen

Jahrgang 1979

Nr. 1 Tendenzen und Erscheinungsformen des aggressiven und reaktionären Wesens des imperialistischen Staates und Rechts
1979, 147 Seiten – 17 cm × 24 cm – 15,– M
Bestell-Nr. 753 669 7 (2001/79/1W)

Nr. 4 Demokratie, Freiheit und Menschenrechte in der entwickelten sozialistischen Gesellschaft
1979, 116 Seiten – 17 cm × 24 cm – 10,50 M
Bestell-Nr. 753 736 6 (2001/79/4W)

Jahrgang 1980

Nr. 1 Staat – Recht – wissenschaftlich-technischer Fortschritt
1980, 83 Seiten – 17 cm × 24 cm – 9,– M
Bestell-Nr. 753 842 2 (2001/80/1W)

Jahrgang 1981

Nr. 1 Staat, Recht und sozialistische Volkswirtschaft
1981, 66 Seiten – 17 cm × 24 cm – 6,50 M
Bestell-Nr. 753 936 1 (2001/81/1W)

Nr. 4 Die Herausbildung und Entwicklung junger Nationalstaaten. – Tendenzen ihrer Verfassungsentwicklung
1981, 87 Seiten – 17 cm × 24 cm – 8,50 M
Bestell-Nr. 753 969 5 (2001/81/4W)

Jahrgang 1982

Nr. 1 Grundprobleme der rechtlichen Verantwortlichkeit
1982, 70 Seiten – 17 cm × 24 cm – 8,50 M
Bestell-Nr. 754 031 1 (2001/82/1 W)

Jahrgang 1983

Nr. 1 Zur Rechtsentwicklung im Prozeß der sozialistischen ökonomischen Integration
1983, 64 Seiten – 17 cm × 24 cm – 6,– M
Bestell-Nr. 754 254 4 (2001/83/1W)

Nr. 2 Rechtswissenschaft und Gesetzgebung
1983, 70 Seiten – 17 cm × 24 cm – 7,50 M
Bestell-Nr. 754 255 2 (2001/83/2W)

ISSN 0302-8054

www.ingramcontent.com/pod-product-compliance
Lightning Source LLC
LaVergne TN
LVHW060620300926
849162LV00008B/1664
9783112619834